Laetitia Antonini-Cochin et Christine Courtin

L'essentiel de la Jurisprudence civile Famille

60 grandes décisions commentées

2e édition

Gualino
lextenso éditions

LES CARRÉS

Cette collection de livres présente de manière **synthétique, rigoureuse** et **pratique** l'ensemble des connaissances que l'étudiant doit posséder sur le sujet traité. Elle couvre :

- **le Droit et la Science Politique ;**
- **les Sciences économiques ;**
- **les Sciences de gestion ;**
- **les concours de la Fonction publique.**

Catalogue général adressé gratuitement
sur simple demande :

Gualino éditeur
Tél. 01 56 54 16 00
Fax : 01 56 54 16 49
e-mail : gualino@lextenso-editions.fr
Site : www.lextenso-editions.fr

33, rue du Mail 75081 Paris cedex 02
ISBN 978 - 2 - 297 - 01430 - 4
ISSN 1288 - 8206

Présentation

Ce livre présente en 7 chapitres l'essentiel des grands arrêts rendus en droit de la famille. Cet ouvrage est organisé autour des deux axes fondamentaux de la matière à savoir le couple et les enfants. Il permet ainsi, grâce à l'étude d'arrêts anciens mais aussi plus récents, une bonne compréhension de l'évolution du droit de la famille et de ses enjeux actuels.

Au total, il offre au lecteur une présentation pédagogique et synthétique des décisions essentielles rendues dans une matière en pleine mutation.

Il s'adresse principalement aux étudiants des facultés de droit et aux étudiants du CRFPA.

SOMMAIRE

Le concubinage

Chapitre 1

Le concubinage peut se définir comme « une union de fait, caractérisée par une vie commune présentant un caractère de stabilité et de continuité entre deux personnes de sexe différent ou de même sexe qui vivent en couple » (art. 515-8, C. civ.) Dotée d'une véritable définition légale depuis la loi du 15 novembre 1999, cette union hors mariage est appelée à produire un certain nombre d'effets juridiques.

À la différence du mariage, le concubinage, simple union de fait, n'est pas soumis à un régime juridique préétabli. Pour autant, il a vocation à produire de nombreux effets juridiques tant entre les concubins eux-mêmes qu'à l'égard des tiers, dégagés pour l'essentiel par la jurisprudence.

1 Soc., 11 juillet 1989 (2e esp.)

« La Cour ; Sur le moyen unique : Attendu que Mme L. fait grief l'arrêt attaqué de lui avoir refusé la qualité d'ayant droit de Mme D., qu'elle sollicitait sur le fondement de l'article 3 de la loi du 2 janvier 1978 relative à la généralisation de la sécurité sociale qui dispose que la personne qui vit maritalement avec un assuré social et qui se trouve à sa charge effective, totale et permanente, a la qualité d'ayant droit de l'assuré pour l'ouverture du droit aux prestations en nature des assurances maladie et maternité, alors tout d'abord, qu'il est constant qu'elle était depuis deux ans sous le toit de son amie, assurée sociale, et se trouvait à sa charge effective et alors surtout que la loi du 2 janvier 1978 portant généralisation de la sécurité social a posé le principe d'un droit de protection pour tous de sorte que ses dispositions doivent faire l'objet d'une interprétation extensive ; que la vie maritale prise en considération par l'article 13 de la loi précitée s'entend d'une existence commune et stable entre deux individus en sorte qu'en y ajoutant une condition d'hétérogénéité sexuelle, la cour d'appel lui a apporté une restriction qu'il ne comporte pas ; Mais attendu qu'en se référant dans l'article 13 de la loi du 2 janvier 1978 à la notion de vie maritale, le législateur a par là même entendu limiter les effets de droit, au regard des assurances maladie et maternité à la situation de fait consistant dans la vie commune de deux personnes ayant décidé de vivre comme des époux, sans pour autant s'unir par le mariage, ce qui ne peut concerner qu'un couple constitué d'un homme et d'une femme ; Qu'ils étaient fondés à en déduire que Mme L. ne satisfaisait pas à la condition de vie maritale exigée par la loi ; D'où il suit que le moyen n'est pas fondé ;
Par ces motifs, REJETTE ».

■ *Faits*

Une femme, vivant en concubinage homosexuel depuis deux ans, a demandé à bénéficier de la qualité d'ayant droit de sa compagne pour l'ouverture du droit aux prestations sociales arguant de l'article 13 de la loi du 20 janvier 1978 relative à la généralisation de la sécurité sociale disposant que « la personne qui vit maritalement avec un assuré social... a la qualité d'ayant droit ». Elle s'est alors heurtée au refus de la Caisse primaire d'assurance-maladie et a été déboutée tant en 1re qu'en 2e instance.

■ *Portée*

Par cette décision du 11 juillet 1989, la Cour de cassation a refusé d'octroyer aux concubins homosexuels certains avantages sociaux déjà accordés aux concubins hétérosexuels au motif que le concubinage devait s'entendre « de la situation de fait consistant dans la vie commune de deux personnes ayant décidé de vivre comme des époux, sans pour autant s'unir par le mariage, ce qui ne peut concerner qu'un couple constitué d'un homme et d'une femme ».

Elle a ainsi, en l'espèce, refusé à une concubine homosexuelle la qualité d'ayant droit de sa compagne pour l'ouverture du droit aux prestations en nature des assurances maladie et maternité. Le même jour, elle a également refusé dans une autre espèce au compagnon d'un steward d'Air France le bénéfice de billets de faveurs réservés aux couples mariés et aux concubins hétérosexuels.

Faute de définition juridique du concubinage, la Cour de cassation ne reconnaît alors que le concubinage hétérosexuel par référence au mariage. Cette discrimination et cette exclusion du concubinage homosexuel ont très vite été critiquées par les associations d'homosexuels qui parallèlement militaient pour que soit consacré et organisé par la loi un véritable statut du couple non marié, homosexuel ou hétérosexuel. Tel a été l'objectif de la loi du 15 novembre 1999 instituant le pacte civil de solidarité. Or par ce texte, le législateur a reconnu deux modes de conjugalité hors mariage – le pacs et le concubinage – auquel il a donné une véritable définition juridique contenue à l'article 515-8 du Code civil et posant le principe de l'indifférence du sexe des concubins.

Désormais les concubins homosexuels peuvent bénéficier de tous les droits accordés aux concubins hétérosexuels dès lors que leur union présente les exigences légales de continuité et de stabilité.

Pour aller plus loin

- **Soc., 11 juillet 1989 (1re esp.)** : refus d'accorder au compagnon d'un steward d'Air France le bénéfice des billets de faveur réservés aux couples mariés et aux concubins hétérosexuels.
- **Civ. 3e, 17 décembre 1997** : refus de faire bénéficier le concubin homosexuel du transfert du bail d'habitation au concubin notoire.
- **CE, 4 mai 2001** : refus de faire bénéficier de la carte couple de la SNCF aux concubins de même sexe sur la base des textes en vigueur avant l'entrée en vigueur de la loi instituant le pacs.

2 Civ. 1re, 3 février 1999

La Cour; Sur le moyen unique: Vu les articles 1131 et 1133 du Code civil; Attendu que n'est pas contraire aux bonnes mœurs la cause de la libéralité dont l'auteur entend maintenir la relation adultère qu'il entretient avec le bénéficiaire; Attendu que le 26 octobre 1989, Roger Y. est décédé en laissant à sa succession son épouse et M. Christian Y. qu'il avait adopté; que par testament authentique du 17 mars 1989, il a, d'une part, révoqué toute donation entre époux et exhérédé son épouse, et, d'autre part, gratifié Mme X. d'une somme de 500 000 F; que M. Christian Y. a soutenu que la cause de cette disposition était contraire aux bonnes mœurs; Attendu que pour prononcer la nullité de la libéralité consentie à Mme X., la cour d'appel a retenu que la disposition testamentaire n'avait été prise que pour poursuivre et maintenir une liaison encore très récente; en quoi, la cour d'appel a violé les textes susvisés;
Par ces motifs, CASSE ET [...] RENVOIE devant la cour d'appel de Paris, autrement composée.

■ *Faits*

Un homme a quitté le domicile conjugal après 34 ans de vie commune pour s'installer avec l'une de ses anciennes employées. Il décède 18 mois plus tard après avoir consenti à sa maîtresse un legs de 500 000 francs. Son épouse et son fils demandent la nullité de la libéralité consentie à la concubine adultérine pour cause illicite. La cour d'appel fait droit à leur demande considérant que cette libéralité n'a été faite que pour poursuivre et maintenir une relation encore récente.
Un pourvoi est formé.

■ *Portée*

Cet arrêt de la première Chambre civile de la Cour de cassation marque l'abandon d'une jurisprudence classique en matière de libéralités entre concubins.

En effet, pour pallier à l'absence de tout régime matrimonial et de toute vocation successorale, les concubins peuvent être tentés de se consentir des libéralités (donations, legs). Or, pendant longtemps, la validité de tels actes juridiques a suscité la discussion en doctrine. La jurisprudence avait pour sa part choisi d'opérer une distinction selon le mobile qui avait animé le disposant.

Ainsi, il était admis que la libéralité était valable si elle avait un but licite comme : assurer au bénéficiaire une sécurité matérielle ou le remercier pour des soins prodigués en cas de maladie du disposant ou pour une collaboration professionnelle. En revanche, la libéralité était nulle si elle avait une cause immorale, c'est-à-dire lorsqu'elle avait pour but l'établissement, le maintien ou la reprise de relations hors mariage.

C'est donc avec cette jurisprudence très incertaine que la Cour de cassation a voulu rompre dans son arrêt de principe du 3 février 1999 en retenant que « n'est pas contraire aux bonnes mœurs la cause de la libéralité dont l'auteur entend maintenir la relation adultère qu'il entretient avec le bénéficiaire ».

Il est désormais acquis que le concubinage ne crée pas d'incapacité de disposer et de recevoir. Les libéralités entre concubins sont licites et irrévocables et obéissent tant sur le plan fiscal que successoral au régime des libéralités entre étrangers.

Conforme à l'évolution des mœurs, ce revirement de jurisprudence peut toutefois susciter la critique au regard du mariage. En consacrant ainsi la validité de la libéralité faite à une concubine adultérine, la Haute juridiction semble « ébranler » le caractère institutionnel du mariage et le devoir de fidélité entre époux qui lui est inhérent ou tout au moins affirmer son inopposabilité aux tiers.

Pour aller plus loin

- **Civ. 1re, 29 janvier 2002** : n'est pas immorale « la libéralité consentie par un concubin à sa compagne, fût-elle sous tendue par la volonté du donateur de prolonger dans le temps le lien qui l'unissait à la donataire ».
- **Cass. Ass. plén., 26 octobre 2004** : l'attribution d'un héritage à une femme de 31 ans par un homme de 95 ans qui entretenait avec elle une relation adultère n'est pas contraire aux bonnes mœurs. Ce dernier pouvait valablement l'instituer légataire universelle.

3 Civ. 1re, 2 mai 2001

Vu l'article 220 du Code civil ;
Attendu que ce texte, qui institue une solidarité de plein droit des époux en matière de dettes contractées pour l'entretien du ménage ou l'éducation des enfants, n'est pas applicable en matière de concubinage ; Attendu que M. Moreira, qui vivait en concubinage avec Mlle Demoule, a souscrit un contrat d'abonnement auprès d'EDF-GDF ; qu'il a laissé des factures impayées et a quitté sa concubine ; qu'après son départ, celle-ci a souscrit un nouvel abonnement à son nom, a régulièrement payé ses factures mais a refusé de régler l'arriéré qui avait été facturé à son ancien concubin ; Attendu que, pour condamner Mlle Demoule à payer à EDF-GDF la somme de 7 532,83 F (1 148,37 €), montant de l'arriéré, avec intérêts au taux légal à compter du 4 décembre 1995, l'arrêt attaqué affirme que, si l'union libre confère des droits de plus en plus nombreux qui rapprochent cette situation du statut du mariage, il convient alors de faire application aux concubins des mêmes obligations que celles des époux quant aux dépenses d'entretien au nombre desquelles figurent les factures de fourniture d'électricité, de sorte qu'il n'y a pas lieu de s'arrêter à la seule identité du titulaire du contrat d'abonnement et que le concubin qui vit habituellement sous le même toit engage sa compagne ; Attendu qu'en statuant ainsi, la cour d'appel a violé le texte précité ; Par des motifs... CASSE ET ANNULE, dans toutes ses dispositions l'arrêt rendu le 8 décembre 1997, entre les parties, par la Cour d'appel de Bourges...

■ *Faits*

Un homme vivant en concubinage souscrit un abonnement auprès d'EDF. Il quitte par la suite sa compagne en laissant des factures impayées. Restée dans les lieux après la rupture, l'ex-concubine refuse de payer ces factures. Poursuivie par EDF, elle est condamnée par la cour d'appel à payer l'arriéré au motif qu'elle est tenue solidairement des dépenses d'entretien engagés par son concubin pendant la vie commune.
Elle forme alors un pourvoi.

■ *Portée*

En application de l'article 220 du Code civil, les dettes relatives à l'entretien du ménage ou l'éducation des enfants obligent solidairement les deux époux. Issue du régime primaire, cette disposition instituant la solidarité ménagère permet ainsi en pratique aux créanciers de poursuivre l'un ou l'autre des époux pour la totalité de la dette engagée.

Or, cette règle, effet direct du mariage, peut-elle s'appliquer par analogie aux concubins au nom de la communauté de vie ?

La cour d'appel a cru pouvoir l'affirmer dans l'espèce reproduite considérant « qu'il convient de faire application aux concubins des mêmes obligations que celles des époux quant aux dépenses d'entretien ». Mais c'était sans compter le rappel à l'ordre de la Cour de cassation qui s'en tient aux termes de la loi. Dans cet arrêt, la première Chambre civile énonce sans ambiguïté que ce texte (art. 220, C. civ.), qui institue une solidarité de plein droit des époux en matière de dettes contractées pour l'entretien de ménage ou l'éducation des enfants, n'est pas applicable en matière de concubinage.

Fondée sur une interprétation stricte des textes, cette solution est conforme à une jurisprudence constante de la Haute juridiction qui affirme son refus d'appliquer par analogie aux concubins les textes du régime matrimonial primaire.

Ainsi après avoir considéré qu'il n'existe aucune obligation pour les concubins de contribuer aux charges du ménage chacun devant supporter les dépenses qu'il a contractées, la Cour réaffirme logiquement que les dettes contractées par un concubin, fût-ce pour l'entretien du ménage et l'éducation des enfants, n'engagent pas l'autre. Le message envoyé par la Cour de cassation est clair : les concubins ne sauraient se prévaloir des dispositions matrimoniales tant dans leurs rapports respectifs (art. 214, C. civ.) qu'à l'égard des tiers (art. 220, C. civ.), dispositions auxquelles ils ont voulu échapper...

Reste toutefois une question : combien de temps encore la Cour pourra-t-elle résister à la pression qui s'exerce en faveur d'une unification du statut du couple ? Une première brèche n'a-t-elle pas déjà été faite entre époux et partenaires (art. 220 et 515-4, al. 2, C. civ.) notamment sur cette délicate question de la solidarité ménagère ?

Pour aller plus loin

- **Civ. 1re, 11 janvier 1984** : l'article 220 est inapplicable en la cause dès lors que X. et Y. n'étaient pas mariés.
- **Civ. 1re, 27 avril 2004** : un contrat de prêt à la consommation, signé par la concubine, mais dont les échéances sont prélevées sur le compte du concubin n'engage nullement ce dernier qui peut faire cesser les prélèvements sans qu'il soit condamné solidairement au paiement du solde.
- **Civ. 1re, 28 juin 2005** : du moment qu'il ne s'y était pas engagé, le concubin n'était pas obligé « de s'acquitter des charges d'un bail dont il n'était pas signataire ».
- **Civ. 1re, 12 décembre 2006** : l'obligation solidaire née de l'article 220 du Code civil n'est pas applicable au concubinage.

4 Civ. 1re, 19 mars 1991

Attendu que M. X. fait grief à la cour d'appel d'avoir rejeté sa demande, en vue de répartir, entre lui et Mme Y., les dépenses de vie courante respectivement exposées, par chacun d'eux, durant la période de leur concubinage, en retenant qu'ils y avaient participé à proportion de leurs ressources personnelles et qu'il n'y avait donc pas lieu à comptes de ce chef, alors, selon le moyen, d'une part, qu'ils se trouvaient dans une situation de fait non légalement réglementée, de sorte qu'en constituant entre eux une contribution aux charges de la vie commune, à proportion de leurs ressources, ainsi qu'il est dit à l'article 214 du Code civil, non applicable aux concubins, la cour d'appel a violé ce texte ; alors, d'autre part, qu'en se bornant à faire état d'un accord tacite entre les intéressés sans autrement justifier cette affirmation, la cour d'appel a privé sa décision de base légale ; et alors, enfin, que sont demeurées sans réponse les conclusions dans lesquelles M. X. faisait valoir que les acquisitions réalisées durant la communauté de vie avaient été réparties au profit de celui qui en était détenteur, ou par l'attribution faite lors du partage consécutif à la rupture ;
Mais attendu qu'aucune disposition légale ne réglant la contribution des concubins aux charges de la vie commune, chacun d'eux doit, en l'absence de volonté expresse à cet égard, supporter les dépenses de la vie courante qu'il a exposées ; que c'est dès lors à bon droit, sans avoir à répondre aux conclusions invoquées par la troisième branche du moyen qui sont inopérantes, que la cour d'appel a estimé qu'il n'y avait pas lieu d'établir, à ce sujet, un compte entre les parties ; qu'ainsi l'arrêt attaqué est légalement justifié ;

■ *Faits*

Deux concubins se séparent. L'ex-concubin assigne sa compagne en vue de faire répartir les dépenses de vie courante respectivement exposées, par chacun d'eux, durant la période de leur concubinage. Les juges du fond rejettent sa demande considérant que les concubins y ont participé à proportion de leurs ressources personnelles et qu'il n'y a donc pas lieu à compte.
Un pourvoi est alors formé.

■ *Portée*

« *Les concubins se désintéressent de la loi, la loi se désintéresse d'eux* ». Cette célèbre formule de Napoléon Bonaparte résume bien la situation juridique des concubins. L'arrêt reproduit de la Cour de cassation en est une parfaite illustration.

En effet, justifiant ainsi la décision de la cour d'appel, la Cour a affirmé de façon péremptoire « qu'aucune disposition légale ne réglant la contribution des concubins aux charges de leur vie commune, chacun d'eux doit, en l'absence de volonté exprimée à cet égard, supporter les dépenses de la vie courante qu'il a exposées ».

En d'autres termes, le raisonnement retenu ici est le suivant : simple union de fait, le concubinage n'est pas organisé par la loi. Il n'existe donc entre les concubins aucune obligation et plus précisément aucun régime matrimonial pour organiser leurs relations patrimoniales. Dès lors, les règles du régime primaire applicables aux époux, et en l'occurrence la contribution aux charges du mariage (art. 214, C. civ.), ne sauraient être invoquées par les concubins et recevoir application. Le principe est clairement posé : chacun des concubins doit donc supporter personnellement les dettes qu'il a contractées sans pouvoir exercer un recours contre l'autre. Il n'y a donc pas lieu à établir un compte entre les concubins lors de la rupture du concubinage. La Cour réserve toutefois une exception à ce principe, l'existence d'un accord entre les concubins sur la répartition des charges de la vie commune. Rien n'interdit en effet aux intéressés de conclure un contrat de concubinage dans lequel seraient prévues les modalités de contribution entre les concubins. Mais en dehors d'une telle hypothèse, ces derniers ne peuvent bénéficier des dispositions de l'article 214 propres aux époux.

La Cour de cassation refuse ainsi vigoureusement d'étendre par analogie aux concubins les règles matrimoniales. Même si depuis la loi du 15 novembre 1999, le concubinage a été doté d'une définition légale (art. 515-8, C. civ.), la solution posée par la Cour de cassation dans cet arrêt garde encore aujourd'hui toute sa valeur et ce malgré la résistance de quelques juges du fond. Simple union de fait, le concubinage ne crée aucune obligation tant personnelle que patrimoniale entre les concubins marquant ainsi définitivement sa différence fondamentale avec le mariage mais également avec le pacs dans lequel faut-il le rappeler est instituée une aide matérielle entre partenaires inspirée largement de la contribution aux charges du mariage (art. 515-4, C. civ.).

Pour aller plus loin

- **Civ. 1re, 28 juin 2005** : dès lors qu'il ne s'y est pas engagé, le concubin n'est pas obligé de s'acquitter des charges d'un bail dont il n'était pas signataire.
- **Civ. 1re, 31 janvier 2006** : cassation, de la décision ayant tenté de partager par moitié le prix de vente d'un bien indivis entre les concubins pour tenir compte de la participation aux charges du mariage de la concubine.
- **Civ. 1re, 28 novembre 2006** : aucune disposition légale ne réglant la contribution des concubins aux charges de la vie commune, chacun d'eux doit, en l'absence de volonté exprimée à cet égard, supporter les dépenses de la vie courante qu'il a exposées.

5 Civ. 1re, 17 juin 1953

Extraits « Vu l'article 1382 ; la rupture d'une liaison illégitime ne constitue pas en elle-même une faute civile susceptible d'ouvrir droit à des dommages-intérêts [...] ; la situation essentiellement précaire et instable créée par l'union libre étant susceptible de se modifier par la seule volonté de l'une ou l'autre partie, le seul fait de la rupture par l'amant des relations intimes, d'apparence durables, nées d'un entraînement réciproque, ne peut justifier l'allocation de dommages-intérêts » ; en l'espèce, la cour d'appel avait jugé que la rupture sans motif de l'amant avec sa maîtresse, qui lui avait donné un enfant dont il ne répudiait pas la paternité, était une faute ; de telles constatations sont insuffisantes pour caractériser une faute, en l'absence de tout élément de nature à démontrer que soit la contrainte morale, soit l'abus d'autorité, soit la séduction dolosive, soit tout autre procédé abusif a déterminé la liaison entre demoiselle Escure et Couture ».

■ *Faits*

Un concubin quitte sa compagne après la naissance de leur enfant commun. La concubine délaissée demande réparation sur le fondement de l'article 1382 du Code civil. Les juges du fond lui donnent satisfaction estimant que la rupture sans motif constitue une faute justifiant l'allocation de dommages et intérêts.
Le concubin forme alors un pourvoi en cassation.

■ *Portée*

Par principe, la rupture du concubinage est libre. Simple situation de fait dépourvue de toute force obligatoire, le concubinage peut donc être rompu à tout moment. La rupture ne saurait donc en elle-même être constitutive d'une faute. C'est ce principe traditionnel que rappelle ici la Cour de cassation aux juges du fond. En effet, elle a ainsi réaffirmé que « la situation essentiellement précaire et instable créée par l'union libre étant susceptible de se modifier par la seule volonté de l'une ou l'autre partie, le seul fait de la rupture par l'amant de relations intimes, d'apparence durable... ne peut justifier l'allocation de dommages et intérêts » et qu'en l'espèce, en l'absence de tout élément de nature à démontrer la contrainte morale, l'abus d'autorité, la séduction dolosive ou encore tout autre procédé abusif, aucune faute ne pouvait être reprochée au concubin. La décision de la cour d'appel devait donc être censurée.

Par cet arrêt, la Cour de cassation ne fait qu'appliquer une solution désormais acquise. Il n'y a pas faute à rompre mais il peut y avoir faute en raison des modalités ou des conditions dans lesquelles la rupture a été effectuée. Le recours à la responsabilité civile délictuelle (art. 1382, C. civ.) permet ainsi de tempérer la précarité du concubinage. Des dommages et intérêts peuvent être accordés à un(e) concubin(e) délaissé(é) à condition de démontrer une faute, un préjudice et un lien de causalité.

La faute peut alors résider dans l'établissement du concubinage. Il a ainsi été retenu comme fautive la séduction dolosive consistant à promettre le mariage à la concubine. Mais la faute, peut également et surtout résulter des circonstances de la rupture. La brutalité, l'abandon de la concubine dans les premiers mois de la grossesse sont autant d'éléments caractérisant une faute dans la rupture.

Le préjudice, quant à lui, pose peu de difficulté en pratique. Il pourra s'agir d'un préjudice matériel, moral ou les deux.

En tout état de cause, l'application de l'article 1382 du Code civil reste aujourd'hui le seul tempérament à la liberté de rupture inhérente au couple non marié quel qu'il soit, concubins, fiancés ou partenaires pacsés, en l'absence de toute prévision des parties. C'est sans aucun doute le prix de la liberté...

Pour aller plus loin

- **Civ. 1re, 7 avril 1998** : est constitutif d'une faute donnant lieu à réparation le fait d'avoir empêché la concubine de travailler pendant la vie commune et de l'abandonner plusieurs années après sans ressources.
- **Civ. 1re, 3 janvier 2006** : responsabilité du concubin qui rompt brutalement après 40 ans de vie commune.
- **Civ. 1re, 20 juin 2006** : nullité d'une clause sur la contribution à l'entretien des enfants constituant, par son caractère particulier contraignant, un moyen de dissuader le concubin de toute velléité de rupture contraire au principe de la liberté individuelle.
- **Civ. 1re, 2 avril 2008** : responsabilité de l'ex-concubin qui a commis une faute en quittant sa compagne alors enceinte et qui s'en est désintéressée ainsi que de l'enfant.
- **Civ. 1re, 20 février 2008** : validité de l'engagement pris par le concubin, reprenant sa liberté, de compenser les conséquences matérielles et morales que la rupture du concubinage causait à son ex-concubine et à sa fille.

6 Com., 9 octobre 2001

« Mais attendu qu'après avoir exactement énoncé que l'existence d'une société de fait entre concubins ne peut résulter de la seule cohabitation, même prolongée, entre eux et de leur participation aux dépenses de la vie commune, mais exige la réunion des éléments caractérisant tout contrat de société, à savoir l'existence d'apports, quelle qu'en soit la forme, l'intention de participer aux bénéfices et aux pertes et l'affectio societatis, la cour d'appel, qui n'était pas tenue de répondre aux seules allégations non assorties d'une offre de preuve que comportaient les conclusions prétendument délaissées, a, par motifs propres et adoptés, constaté que Mme X. ne rapportait pas la preuve des éléments caractérisant l'existence d'une société de fait ; que le moyen n'est fondé en aucune de ses branches ;
Par ces motifs : REJETTE le pourvoi ».

■ *Faits*

Des concubins se séparent après plusieurs années de vie commune. À cette occasion, l'ex-concubine réclame alors une part des biens acquis par son compagnon, notamment un immeuble et un bateau invoquant l'existence d'une société créée de fait entre eux. Déboutée par les juges du fond, la demanderesse forme un pourvoi qui est rejeté par la Cour de cassation.

■ *Portée*

C'est au moment de la rupture que le concubinage révèle toute sa précarité. En effet, la vie commune a pu engendrer une confusion patrimoniale entre les concubins, souvent trop confiants, à laquelle il faut mettre un terme. Dès lors, en l'absence de tout régime matrimonial, ou de convention particulière, la liquidation de leurs intérêts patrimoniaux et notamment le partage des biens acquis pendant la vie commune relève du droit commun (droit des biens et droit des obligations). La société créée de fait constitue ainsi une technique liquidative très souvent invoquée en la matière comme en atteste l'espèce reproduite. Définie comme un groupement de personnes qui se comportent comme des associés sans avoir accompli les formalités de constitution d'une société, cette société présente l'intérêt de permettre à chacun des concubins de se voir attribuer au moment de sa dissolution sa part de profit, en principe la moitié, conformément au droit des sociétés (art. 1872, C. civ.). Mais, pour ce faire, encore faut-il qu'une telle société de fait soit établie, c'est-à-dire qu'elle remplisse les trois critères inhérents à tout contrat de société :

– l'existence d'apports par les associés,
– l'intention de participer aux bénéfices et aux pertes,
– l'intention de réaliser une œuvre commune : à savoir *l'affectio societatis.*

Or, c'est précisément l'établissement de ces conditions qui suscite des difficultés en matière de concubinage ; la cohabitation et la participation aux dépenses courantes ne suffisant pas à caractériser une telle société. Par une jurisprudence constante, la Cour de cassation retient une conception très restrictive de la société créée de fait dont l'arrêt du 9 octobre 2001 en est la parfaite illustration. La Chambre commerciale a ainsi approuvé les juges du fond d'avoir débouté l'ex-concubine de sa prétention au motif « que l'existence d'une société de fait entre concubins ne peut résulter de la seule cohabitation, même prolongée, entre eux et de leur participation aux dépenses de la vie commune mais exige la réunion des éléments caractérisant tout contrat de société »... éléments dont la preuve n'était pas rapportée en espèce.

En définitive, la Haute juridiction exige que soit démontrée l'existence d'une « entreprise » ou d'un « projet commun » dont chacun des concubins entend tirer profit et accepte de subir les pertes. La simple communauté de vie ne saurait suffire. La tâche est donc difficile pour les concubins mais pas impossible. Confrontés à une telle rigueur, les ex-concubins disposent toutefois d'une autre action, issue du droit des obligations, pour liquider leurs intérêts : l'action *de in rem verso* fondée sur la théorie de l'enrichissement sans cause. Destinée à rétablir l'équilibre entre les patrimoines des concubins lorsque le déséquilibre constaté est dénué de cause légitime, cette action, subsidiaire par nature, apparaît alors comme l'action de la dernière chance...

Pour aller plus loin

- **Civ. 1re, 12 mai 2004** : la mise en commun des intérêts dans le concubinage ne suffit pas à caractériser l'intention de s'associer.
- **Com., 23 juin 2004** (2 arrêts) : les éléments constitutifs du contrat de société doivent être tous établis de manière séparée et ne peuvent se déduire les uns des autres. L'intention de s'associer ne peut se déduire de la participation financière à la réalisation d'un projet immobilier.
- **Civ. 1re, 30 mai 2006** : il a été jugé que la réalisation de tapisseries par la concubine dans le cadre des activités artisanales développées dans un centre touristique géré par son concubin caractérisait, notamment par son apport en industrie, l'existence d'une société créée de fait.

7 Civ. 1re, 15 octobre 1996

Extraits : « Attendu que Mme X. et M. Y. ont vécu en concubinage du 23 décembre 1982 au 23 décembre 1989 ; que M. Y. était propriétaire d'un fonds de commerce de café-bar à Château-du-Loir ; qu'à la suite de la séparation des concubins, Mme X., prétendant avoir travaillé dans le fonds de M. Y., a, après avoir formé une demande de paiement d'arriéré de salaires devant un conseil de prud'hommes, lequel s'est déclaré incompétent, l'existence d'un contrat de travail n'étant pas caractérisée, formé une demande tendant à faire constater l'existence d'une société de fait, et, subsidiairement, à obtenir la condamnation de M. Y. à lui payer une certaine somme sur le fondement de l'enrichissement sans cause ; Attendu que Mme X. fait grief à l'arrêt attaqué d'avoir écarté l'existence d'une société de fait... Mais attendu, sur les deux premières branches, que la cour d'appel, après avoir relevé qu'une société se caractérise avant tout par la volonté des intéressés de participer sur un pied d'égalité à l'exploitation commune avec l'intention de partager les bénéfices et, en cas de déficit, à supporter les pertes, constate que Mme X. n'apporte aucun élément de preuve en ce sens ; que, par ce seul motif, elle a légalement justifié sa décision sur ce point ; ... Attendu que, pour écarter la demande subsidiaire, rendue recevable par le rejet de la demande fondée sur l'existence d'un contrat de société, la cour d'appel retient que si Mme X. participait à l'exploitation du fonds en servant la clientèle, il n'est nullement certain que M. Y. aurait eu besoin sans elle d'un employé salarié, ni d'ailleurs qu'il n'en avait pas déjà, et qu'il est impossible d'affirmer l'étendue ni même le principe de l'appauvrissement de Mme X., et que l'aide apportée à son concubin ne paraît pas avoir dépassé le cadre de la contribution aux charges du ménage ;
Attendu qu'en se déterminant ainsi, alors que la collaboration de Mme X. à l'exploitation du fonds de commerce sans rétribution, qui se distinguait d'une participation aux dépenses communes des concubins, impliquait par elle-même un appauvrissement de Mme X. et un enrichissement de M. Y., la cour d'appel a violé le texte et les principes susvisés ;
Par ces motifs, CASSE ET ANNULE, mais seulement en ce qu'il a rejeté la demande fondée sur l'enrichissement sans cause, l'arrêt rendu le 8 novembre 1993, entre les parties, par la cour d'appel d'Angers... »

■ *Faits*

Pendant sept ans, une concubine a servi la clientèle du café-bar appartenant à son concubin sans recevoir aucune rémunération. Après la rupture de la vie commune, et après avoir vainement réclamé des indemnités à son ex-compagnon, la concubine saisit le Conseil des prud'hommes d'une demande de paiement en arriérés de salaires. La juridiction s'étant déclarée incompétente en l'absence de contrat de travail, la demanderesse engage alors une instance civile afin de faire reconnaître l'existence d'une société créée de fait et subsidiairement d'un enrichissement sans cause. Sa demande, tant principale que subsidiaire, est rejetée par les juges du fond.

■ *Portée*

Par l'arrêt reproduit, la Cour de cassation démontre une fois encore toute la précarité attachée à la rupture du concubinage. En effet, faute de régime matrimonial, la liquidation des intérêts patrimoniaux des concubins relève du droit commun et notamment de la théorie de l'enrichissement sans cause (art. 1371, C. civ.) qui permet à un concubin qui s'est appauvri sans raison au profit de l'autre d'obtenir une indemnisation.

Or c'est précisément cette technique qu'a refusé d'appliquer la Cour d'appel en l'espèce, dans des faits d'une grande banalité, considérant qu'*« il n'était pas certain que le concubin aurait eu besoin d'un employé salarié et qu'il était dès lors impossible d'affirmer l'étendue ni même le principe de l'appauvrissement de la concubine et que l'aide apporté ne paraît pas avoir dépassé le cadre de la contribution aux charges du mariage... »*.

La Cour de cassation n'a pas été convaincue par de tels arguments. La cassation est encourue de façon lapidaire au motif que « la collaboration de la concubine à l'exploitation du fonds de commerce sans rétribution qui se distingue d'une participation aux dépenses communes des concubins implique par elle-même un appauvrissement de la concubine et un enrichissement du concubin ». Ainsi, tout d'abord, la Cour refuse d'assimiler l'aide professionnelle apportée sans rétribution par la concubine pendant plusieurs années avec une simple contribution personnelle à la vie commune. Elle marque ainsi la spécificité du concubinage par rapport au mariage où faut-il le rappeler, l'époux n'est recevable à agir que si sa collaboration professionnelle excède sa contribution normale aux charges du mariage. Ensuite, partant de ce constant, elle a estimé que les conditions classiques de l'action *de in rem verso*, enrichissement et appauvrissement corrélatif, absence de cause, étant réunies, l'ex-concubine avait droit à une compensation (dont le montant correspond à la plus faible des deux sommes représentant la valeur de l'appauvrissement et de l'enrichissement).

S'inscrivant dans le droit fil d'une jurisprudence désormais classique, cette décision démontre la volonté des hauts magistrats de faire jouer à l'action *de in rem verso* son rôle subsidiaire sans doute pour compenser leur rigueur affichée en matière de société créée de fait. Une telle souplesse permet ainsi de rétablir tant bien que mal l'équité entre les concubins...

8 Cass. Ch. Mixte, 27 février 1970

« Vu l'article 1382 du Code civil ; Attendu que ce texte, ordonnant que l'auteur de tout fait ayant cause un dommage à autrui sera tenu de la réparer, n'exige pas, en cas de décès, l'existence d'un lien de droit entre le défunt et le demandeur en indemnisation ; attendu que l'arrêt attaqué, statuant sur la demande de la dame X. en réparation du préjudice résultant pour elle de la mort de son concubin Paillette, tué dans un accident de la circulation dont Dangereux avait été jugé responsable, a infirmé le jugement de première instance qui avait fait droit à cette demande en retenant que ce concubinage offrait des garanties de stabilité et ne présentait pas de caractère délictueux, et a débouté ladite dame X. De son action au seul motif que le concubinage ne crée pas de droit entre les concubins ni a leur profit vis-à-vis des tiers ; qu'en subordonnant ainsi l'application de l'article 1382 à une condition qu'il ne contient pas, la cour d'appel a violé le texte susvisé ;
Par ces motifs, CASSE ET ANNULE l'arrêt rendu entre les parties par la cour d'appel de paris, le 16 octobre 1967 ».

■ *Faits*

Une femme demande réparation du préjudice résultant pour elle de la mort de son concubin dans un accident de la circulation. Infirmant le jugement de 1re instance, la Cour d'appel a débouté la demanderesse de son action considérant que le concubinage ne crée pas de droit entre les concubins ni à leur profit ni vis-à-vis des tiers. Un pourvoi est formé.

■ *Portée*

Par cet arrêt du 27 février 1970, dit « arrêt Dangereux », la Chambre mixte de la Cour de cassation a mis fin à l'un des plus célèbres débats jurisprudentiels et doctrinaux du XXe siècle. En effet, la question de l'indemnisation de la concubine survivante en cas de décès accidentel de son compagnon avait donné lieu à une divergence au sein même de la Haute juridiction.

Tandis que la Chambre civile refusait d'accorder tout droit de réparation à la concubine au motif qu'elle ne pouvait pas se prévaloir d'un intérêt légitime juridiquement protégé, à la différence d'une épouse, la Chambre criminelle accueillait une telle action exigeant toutefois un concubinage stable et non adultérin.

La Chambre mixte a donc mis fin à une telle divergence génératrice d'arbitraire. Elle a posé en principe que l'article 1382 du Code civil « *n'exige pas, en cas de décès, l'existence d'un lien de droit entre le défunt et le demandeur en indemnisation* ». Grâce à cette solution, et à l'instar d'un époux, tout concubin peut désormais agir, conformément au droit commun de la responsabilité délictuelle, contre le tiers responsable de l'accident ayant causé le décès de son concubin pour obtenir réparation du préjudice subi par ricochet. Ce préjudice peut d'ailleurs être moral (perte de l'être cher) et/ou matériel (perte de la contribution du défunt aux dépenses communes par exemple).

En tout état de cause, au regard de la jurisprudence postérieure, la nature du concubinage, adultérin, hétérosexuel ou homosexuel, importe peu dès lors qu'il répond au critère de stabilité. En définitive, par cet arrêt *Dangereux*, la Cour de cassation a participé à l'élaboration du régime juridique du concubinage reconnaissant ainsi son opposabilité aux tiers.

Pour aller plus loin

- **Crim., 19 juin 1975** : admission de la réparation de la concubine adultérine au motif que l'adultère est une faute relevant de la vie privée que le conjoint bafoué a seul qualité à faire valoir en justice.
- **Crim., 8 janvier 1985** : refus de réparation faute d'un concubinage stable. Monsieur passait sa journée avec une femme et la nuit avec une autre. « En l'état de ces constatations, d'où elle a implicitement déduit le caractère précaire de la double liaison invoquée, la cour d'appel a justifié sa décision ».
- **TGI Belfort, 25 juillet 1995** : droit à réparation entière du préjudice causé pour le décès accidentel du concubin homosexuel.
- **Crim., 29 mai 2001** : cassation pour privation de base légale d'un arrêt confirmatif ayant écarté la demande d'indemnisation de la concubine au motif que le concubinage n'avait duré que 18 mois et que la concubine ne justifiait pas de « son éventuelle vie professionnelle antérieure, ses capacités à subvenir seule à ses besoins, et la part de ressources que chacun des concubins consacrait à ses besoins personnels ».

Le pacte civil de solidarité

CHAPITRE

2

Le pacte civil de solidarité (pacs) est défini dans le Code civil comme « *le contrat conclu entre deux personnes physiques majeures de sexe différent ou de même sexe pour organiser leur vie commune* » (art. 515-1). Institué par la loi du 15 novembre 1999 et réformé par la loi du 23 juin 2006, ce nouveau mode de conjugalité obéit donc à un régime juridique particulier.

À la différence du concubinage, simple union de fait, le PACS constitue par définition un contrat. Mais il ne s'agit pas d'un contrat ordinaire compte tenu de son objet : organiser la vie commune d'un couple. Il offre ainsi à ses bénéficiaires un véritable cadre juridique tant patrimonial que personnel dont les applications jurisprudentielles restent encore aujourd'hui isolées.

1 Cons. const., 9 novembre 1999

Extraits : « Considérant que si les députés auteurs de la première saisine soutiennent que la loi méconnaîtrait les règles du "mariage civil et républicain" en "instituant une nouvelle communauté de vie", les dispositions relatives au pacte civil de solidarité ne mettent en cause aucune des règles relatives au mariage ; (...) Considérant que les députés et les sénateurs requérants font grief à l'article 515-7 nouveau du Code civil de porter atteinte au "principe d'immutabilité des contrats" en permettant une rupture unilatérale du pacte civil de solidarité sans qu'aucune cause ne soit invoquée ; Considérant que ne sont pas contraires aux principes constitutionnels ci-dessus rappelés les dispositions de l'article 515-7 nouveau du Code civil qui permettent la rupture unilatérale du pacte civil de solidarité. La prise d'effet de celle-ci intervenant en dehors de l'hypothèse du mariage, trois mois après l'accomplissement des formalités exigées par le législateur et qui, dans tous les cas de rupture unilatérale y compris le mariage réservent le droit du partenaire à réparation : que toute clause du pacte interdisant l'exercice de ce droit devra être réputée non écrite ; que la cessation du pacte à la date du mariage de l'un des partenaires met en œuvre le principe de valeur constitutionnelle de la liberté du mariage ; Considérant que sous cette réserve le grief tiré d'une atteinte aux principes fondamentaux du droit des contrats doit être écarté ; (...) Considérant enfin, que le partenaire auquel la rupture est imposée pourra demander réparation du préjudice éventuellement subi, notamment en cas de faute tenant aux conditions de la rupture : que dans ce dernier cas l'affirmation de la faculté d'agir en responsabilité met en œuvre l'exigence constitutionnelle posée par l'article 4 de la Déclaration des droits de l'homme et du citoyen de 1789, dont il résulte que tout fait quelconque de l'homme qui cause à autrui un dommage oblige celui par la faute duquel il est arrivé, à le réparer ; Considérant qu'il résulte de ce qui précède que les dispositions relatives à la rupture unilatérale du pacte civil de solidarité ne sont contraires ni au principe de la dignité de la personne humaine, ni à aucun autre principe de valeur constitutionnelle ; (...) Considérant que les députés et les sénateurs requérants soutiennent qu'en se limitant à appréhender la situation de deux personnes qui veulent organiser leur vie commune et en faisant silence sur la situation des enfants qu'elles pourraient avoir ou qui pourraient vivre auprès d'elles, le législateur a porté atteinte aux dispositions des dixième et onzième alinéas du Préambule de la Constitution de 1946 ; Considérant qu'il était loisible au législateur d'instaurer le pacte civil de solidarité sans pour autant réformer la législation relative au droit de la filiation ni celle portant sur la condition juridique du mineur : que les règles existantes celles relatives aux droits et devoirs des parents au titre de l'autorité parentale, s'appliquent, comme il a été précédemment indiqué aux enfants dont la filiation serait établie à l'égard de personnes liées par un pacte civil de solidarité ou de l'un seulement des partenaires d'un tel pacte ; qu'en cas de litige relatif à l'autorité parentale le juge aux affaires familiales conserve sa compétence que dans ces conditions, le grief allégué manque en fait. (...) Sont déclarés conformes à la Constitution sous les réserves et compte tenu des précisions ci-dessus énoncées, les articles 1 à 7 et 13 à 15 de la loi relative au pacte civil de solidarité.

■ *Portée*

La loi du 15 novembre 1999 qui a institué le pacte civil de solidarité (PACS) est l'aboutissement d'une longue étape. Le texte adopté définitivement le 13 octobre 1999 a été soumis au Conseil constitutionnel. La décision de ce dernier, rendue le 9 novembre 1999, a déclaré la loi conforme à la Constitution. Cependant, de nombreuses réserves d'interprétation ont été formulées par le Conseil qui ont pu être analysées par certains comme une véritable réécriture du texte.

La décision du Conseil constitutionnel et des réserves qu'elle contient doit être analysée par référence aux modifications apportées au PACS par la loi du 23 juin 2006 portant réforme des successions et des libéralités. Seuls trois points seront ici analysés.

- Sur la nature contractuelle du PACS

Selon l'article 515-1 du Code civil, le PACS se présente sous la forme d'une relation de nature exclusivement contractuelle : c'est « *un contrat conclu par deux personnes physiques majeures, de sexe différent ou de même sexe, pour organiser leur vie commune* ». Ainsi défini, le PACS s'analyse comme une convention, distincte de l'institution du mariage.

Dans sa décision, le Conseil constitutionnel indique que « les dispositions générales du Code civil relatives aux contrats et aux obligations conventionnelles auront par ailleurs vocation à s'appliquer, sous le contrôle du juge, sauf en ce qu'elles ont de nécessairement contraire à la présente loi ; qu'en particulier, les articles 1109 et suivants du Code civil relatifs au consentement, sont applicables au pacte civil de solidarité ». Ainsi, pour la Haute instance, le droit commun des contrats constitue bien la référence en matière de pacte civil de solidarité. En conséquence, le consentement doit exister et être exempt de vices.

- Sur les incidences du PACS sur l'état civil et la filiation

Dans sa décision, le Conseil constitutionnel a constaté que la « loi est sans incidence sur les autres titres du Livre Ier du Code civil, notamment ceux relatifs aux actes d'état civil, à la filiation adoptive et à l'autorité parentale, ensemble des dispositions dont les conditions d'application ne sont pas modifiées par la loi déférée ». Ainsi, le statut civil de chacun des partenaires ne se trouve pas modifié par la conclusion d'un pacte : pas d'incidence sur le nom, aucune sur la nationalité (hormis les incidences par ricochet en matière de délivrance d'un titre de séjour).

Cependant, le désir de progéniture est omniprésent chez presque tous les couples homosexuels. Pour autant, pour ces derniers, la voie de l'adoption est fermée puisqu'elle n'est accessible qu'à un couple marié ou à une personne seule mais non à un couple de concubins qu'il soit hétérosexuel ou homosexuel. Quant à l'accès à une assistance médicale à la procréation, il n'est autorisé qu'à un couple formé d'un homme et d'une femme.

Il reste que l'instauration du PACS contribue à favoriser la demande de reconnaissance de ce que l'on appelle l'homoparentalité. Si la Cour de cassation s'est fermement opposée à l'adoption simple d'un enfant par le partenaire du parent biologique, elle a en revanche admis la possibilité d'une délégation partielle de l'autorité parentale au profit de la femme avec laquelle la mère biologique est liée par un PACS.

- Sur la rupture unilatérale du PACS

Devant le Conseil constitutionnel, a été critiquée la possibilité de rupture du PACS par la volonté d'une seule des parties. Le Conseil a rejeté le grief d'atteinte au principe de sauvegarde de la dignité humaine que causerait, selon les auteurs de la saisine, une faculté de rupture unilatérale assimilable à une répudiation. Pour le Conseil, « le pacte civil de solidarité est un contrat étranger au mariage ».

En conséquence, sa rupture unilatérale ne saurait être qualifiée de « répudiation ». Pour tempérer la cruauté de la dissolution unilatérale du PACS, le législateur a d'ailleurs précisé que, faute d'accord entre les partenaires, le juge statue sur les conséquences patrimoniales de la rupture, « sans préjudice de la réparation du dommage éventuellement subi » (art. 515-7, al. 11, C. civ.).
Comme il ne saurait y avoir faute à rompre, il en résulte, selon le Conseil constitutionnel que « le partenaire auquel la rupture est imposée pourra demander réparation du préjudice éventuellement subi notamment en cas de faute tenant aux conditions de la rupture ». Ainsi que le souligne la Haute juridiction, « l'affirmation de la faculté d'agir en responsabilité met en œuvre l'exigence constitutionnelle posée par l'article 4 de la Déclaration des Droits de l'homme et du citoyen de 1789, dont il résulte que tout fait quelconque de l'homme qui cause à autrui un dommage oblige celui par la faute duquel il est arrivé à le réparer ».

Les auteurs de la saisine avançaient aussi que ce droit de rupture unilatérale portait atteinte à la règle traditionnelle de l'immutabilité des conventions. Sur ce point, le Conseil considère que la liberté qui découle de l'article 4 de la DDHC de 1789 justifie qu'un contrat de droit privé à durée indéterminée puisse être rompu unilatéralement par l'un ou par l'autre des cocontractants, mais sous une double condition : d'une part, que l'information du cocontractant soit effective et, d'autre part, qu'il puisse obtenir réparation du préjudice résultant de conditions de la rupture. Il estime que cette double condition est remplie pour le PACS. La loi du 15 novembre 1999 imposant un préavis et réservant un droit à réparation, ses dispositions ne portent nullement atteinte aux principes fondamentaux du droit des contrats.

Le Conseil insiste ainsi sur la nécessaire transparence qui doit entourer la cessation des relations contractuelles, de même que sur la possibilité de mettre en jeu la responsabilité civile afin de réparer les conséquences dommageables d'une rupture abusive.

Pour aller plus loin

- **CA Douai, 27 fév. 2003** : tant la lettre que l'esprit des textes donnent compétence au juge du contrat, c'est-à-dire le tribunal de grande instance, pour statuer sur les conséquences de la rupture d'un PACS.

2 TGI Lille ord., 5 juin 2002

« Attendu que le PACS est aux termes de l'article 515-1 du Code civil « un contrat conclu par deux personnes, de sexe différent ou de même sexe pour organiser leur vie commune ». Que le Conseil constitutionnel a précisé que la « vie commune suppose outre la cohabitation, une vie de couple » (9 novembre 1999 n° 99-419) qui ne se limite pas à « une communauté d'intérêts ». Qu'il existe entre partenaires « pacsés » sinon une obligation de fidélité, au moins une obligation de loyauté dérivant du droit commun des obligations contractuelles. Que les contrats doivent être exécutés de bonne foi, comme le rappelle l'article 1134 du Code civil. Il apparaît : que Monsieur L... entretient actuellement des relations adultères à M., 13 Rue A., avec Monsieur Laurent X. Que le requérant rencontre des difficultés à obtenir des attestations dans le voisinage visant à établir que son partenaire l'a quitté et le trompe avec un autre homme. C'est la raison pour laquelle le requérant vous prie qu'il vous plaise, Monsieur le Président, de bien vouloir commettre tel huissier qu'il plaira aux fins de constater les relations contraires à la fidélité promise par contrat entre les partenaires, relations entretenues par Monsieur L... à l'adresse indiquée.

LE PRÉSIDENT : Vu l'article 145 du NCPC, Vu l'article 515-1 du Code civil, Vu l'article 1134 du Code civil : Attendu qu'il découle de l'article 515-1 du Code civil une obligation de vie commune entre partenaires d'un Pacte civil de solidarité, qui doit être exécutée loyalement. Que l'obligation de devoir exécuter loyalement le devoir de communauté de vie commande de sanctionner toute forme d'infidélité entre partenaires. Que le manquement à l'obligation de vie commune justifie une procédure en résiliation de Pacs aux torts du partenaire fautif.

Attendu qu'il apparaîtrait aux dires du requérant que Monsieur L... entretient des relations sexuelles avec Monsieur Laurent X. Qu'une faute évoquant l'adultère dans le mariage serait ainsi caractérisée. Qu'il est de l'intérêt du requérant de faire constater les relations adultères entretenues par Monsieur L... avec Laurent X. à M., 13 Rue A. Bat D ou en tout autre lieu.

Commettons à cette fin Maître Dhonte ou Me Bera ou Me Lemaître huissier de justice aux fins de constater l'adultère perpétré par Monsieur L. Disons que l'huissier désigné pourra se faire assister d'un serrurier, et du commissaire de police. Autorisons l'huissier désigné à pénétrer dans l'immeuble abritant l'appartement de Monsieur L.

Disons qu'il nous en sera référé en cas de difficulté.

■ *Faits*

Deux hommes ont souscrit un PACS. Or se sachant trompé, un des partenaires saisit le Président du TGI de Lille pour demander la désignation d'un huissier de justice aux fins de constater l'infidélité de son compagnon. Le magistrat fait droit à sa demande.

■ *Portée*

Dans son ordonnance du 5 juin 2002, le Président du TGI de Lille a ainsi reconnu l'existence d'une obligation de fidélité ou tout au moins de loyauté entre les partenaires.

En effet, pour faire droit à la demande du partenaire trompé, le magistrat s'est fondé sur un raisonnement juridique prévisible et irréprochable.

Tout d'abord, en se fondant sur l'article 515-1 définissant le PACS et sur la décision du Conseil constitutionnel du 9 novembre 1999, le président de la juridiction a déduit que l'obligation de communauté de vie comprenait non seulement une communauté de toit mais aussi une communauté de lit.

En outre, il a estimé qu'à l'instar de tout contrat, le PACS doit être exécuté de bonne foi en application de l'article 1134 du Code civil. Dès lors, l'exécution de bonne foi du devoir de communauté de vie suppose de sanctionner toute forme d'infidélité entre les partenaires. Le syllogisme juridique est implacable.

Cette décision de 1re instance fait donc émerger pour la première fois une obligation de fidélité entre les partenaires qu'ils soient homosexuels (comme en l'espèce) ou hétérosexuels dont la portée juridique est certaine. Dotée d'un caractère d'ordre public au même titre que l'obligation de communauté dont elle découle, elle ne saurait ainsi être écartée par les partenaires.

De plus, et c'était tout l'objet de l'espèce reproduite, elle pourrait être sanctionnée en cas de violation. En effet, la résiliation du pacte aux torts exclusifs du partenaire fautif peut être prononcée, comme l'a admis le magistrat lillois, mais aussi une action en réparation du préjudice subi sur le fondement de la responsabilité contractuelle pourra être exercée.

Ainsi, même si elle a pu être critiquée, la portée de la décision du 5 juin 2002 reste indiscutable. Elle a d'ailleurs été implicitement confortée par le législateur en 2006. En effet, en consacrant l'obligation de communauté de vie (art. 515-4) et en conférant expressément certains effets personnels au PACS (mention en marge de l'acte de naissance et obligation d'assistance), la loi démontre bien que celui-ci est devenu un véritable « contrat de couple » avec toutes les obligations qui y sont inhérentes marquant ainsi son rapprochement avec le mariage.

3 Civ. 1re, 24 février 2006

Attendu que Mme X. et Mme Y. vivent ensemble depuis 1989 et ont conclu un pacte civil de solidarité en 1999 ; que Mme X. est la mère de deux enfants dont la filiation paternelle n'a pas été établie ; Attendu que le procureur général fait grief à l'arrêt attaqué d'avoir délégué partiellement à Mme Y. l'exercice de l'autorité parentale dont Mme X. est seule titulaire et d'avoir partagé entre elles cet exercice partiellement délégué ; Mais attendu que l'article 377, alinéa 1er, du Code civil ne s'oppose pas à ce qu'une mère seule titulaire de l'autorité parentale en délègue tout ou partie de l'exercice à la femme avec laquelle elle vit en union stable et continue, dès lors que les circonstances l'exigent et que la mesure est conforme à l'intérêt supérieur de l'enfant ; Attendu qu'ayant relevé que C. et L. étaient décrites comme des enfants épanouies, bénéficiant de l'amour et de l'autorité nécessaires à leur développement, que la relation unissant Mme X. et Mme Y. était stable et considérée comme harmonieuse et fondée sur un respect de leur rôle auprès des enfants et que l'absence de filiation paternelle laissait craindre qu'en cas d'événement accidentel plaçant la mère, dans l'incapacité d'exprimer sa volonté, Mme Y... ne se heurtât à une impossibilité juridique de tenir le rôle éducatif qu'elle avait toujours eu aux yeux des enfants, la cour d'appel a pu décider qu'il était de l'intérêt des enfants de déléguer partiellement à Mme Y... l'exercice de l'autorité parentale dont Mme X. est seule titulaire et de le partager entre elles ; qu'elle a légalement justifié sa décision.

■ *Faits*

La mère de deux jeunes enfants, dont la paternité n'est pas établie, a pu obtenir en justice de déléguer partiellement à sa concubine homosexuelle, avec laquelle elle est liée par un pacte civil de solidarité, l'autorité parentale dont elle est titulaire sur ses enfants. Le Ministère public forme alors un pourvoi fondé d'une part, sur la violation de l'article 377 alinéa 1er du Code civil subordonnant la délégation volontaire de l'autorité parentale d'un parent au profit d'un tiers à l'existence de circonstances particulières et d'autre part, sur la violation de l'article 377-1 du même Code concernant l'étendue de la délégation de l'autorité parentale.

■ *Portée*

La question posée à la Cour de cassation était de savoir si la mère d'un enfant dont la filiation paternelle n'est pas établie peut déléguer tout ou partie de l'autorité parentale à la femme avec laquelle elle vit. La délégation de l'autorité parentale, telle qu'elle résultait de la loi du 4 juin 1970, s'analysait en un transfert par le juge des prérogatives de l'autorité parentale à une autre personne que les parents en raison d'une volonté expresse ou d'une renonciation de ceux-ci à en assumer les charges. Elle supposait soit la remise volontaire de l'enfant par les père, mère ou tuteur à un particulier digne de confiance, à un établissement ou au service de l'aide sociale à l'enfance, soit le recueil de l'enfant par l'une de ces personnes sans l'intervention des père et mère. Dans le cadre de la réforme de l'autorité parentale opérée par la loi du 4 mars 2002, l'un des objectifs poursuivis par le législateur était l'amélioration des droits des tiers et notamment ceux des grands-parents et des beaux-parents. Sur ce point, le système de la délégation volontaire de l'autorité parentale a été amélioré afin de pouvoir transmettre à certains tiers une partie des prérogatives parentales. En effet, la loi de 2002 a profondément modifié le système antérieur en supprimant la condition de remise ou d'accueil de l'enfant par un tiers et en admettant la possibilité d'un exercice en commun de l'autorité parentale par le ou les délégants et le ou les délégataires. La généralité des termes employés dans les articles 377 et 377-1 du Code civil ne permettait pas alors de refuser à une personne de même sexe que celle du délégataire de l'autorité parentale, la possibilité d'être désignée comme déléguée.

La Cour de cassation, par l'arrêt du 24 février 2006, rejette le pourvoi en posant d'une part que l'article 377, al. 1er du Code civil « ne s'oppose pas à ce qu'une mère seule titulaire de l'autorité parentale en délègue tout ou partie de l'exercice à la femme avec laquelle elle vit en union stable et continue, dès lors que les circonstances l'exigent et que la mesure est conforme à l'intérêt supérieur de l'enfant » et d'autre part, que « le prononcé d'une délégation de l'autorité parentale sans précision des droits délégués, n'équivaut pas au prononcé d'une délégation totale ». Ainsi, l'affirmation de la Cour de cassation apparaît conforme à la lettre de la loi. La Cour de cassation admet ainsi dans cet arrêt le principe même de la délégation de l'autorité parentale par une mère à sa partenaire homosexuelle. Ce faisant, la délégation d'autorité parentale semble désormais constituer un moyen permettant de résoudre les problèmes liés à l'homoparentalité. En recourant aux instruments de droit commun, la Cour admet la résolution des problèmes d'autorité parentale dans les couples homosexuels de la même manière que pour les couples hétérosexuels en se déterminant en fonction du seul intérêt de l'enfant, apprécié *in concreto*. Mais si la Cour admet avec cet arrêt au sein du couple homosexuel, une forme de parentalité au moyen de la délégation de l'autorité parentale, elle s'est fermement opposée, par plusieurs arrêts rendus en 2007, à instituer, au profit de ce même couple, un véritable lien de parenté au moyen de l'adoption.

Pour aller plus loin

- **Civ. 1re, 16 avril 2008** : délégation de l'autorité parentale à la compagne de la mère décédée.

4 Civ. 1re, 20 février 2007 (2 arrêts)

*1er **arrêt** : « La Cour : Sur le moyen unique : Attendu que Mme X. et Y., après plusieurs années de vie commune, ont conclu un pacte civil de solidarité le 30 mars 2000 ; que Mme Y., a donné naissance le 12 septembre 2001, à deux enfants, qu'elle a reconnus et qui n'ont pas de filiation établie à l'égard de leur père ; que Mme Y. a consenti, devant notaire, le 22 mars 2002, à l'adoption simple de ses deux enfants ; – Attendu que Mme X. fait grief à l'arrêt confirmatif attaqué d'avoir rejeté sa requête tendant à l'adoption simple des enfants... Mais attendu qu'ayant retenu à juste titre que Mme Y., mère des enfants, perdrait son autorité parentale sur eux en cas d'adoption par Mme X., alors qu'il y avait communauté de vie, puis relevé que la délégation de l'autorité parentale ne pouvait être demandée que si les circonstances l'exigeaient, ce qui n'était ni établi, ni allégué, et qu'en l'espèce, une telle délégation ou son partage étaient, à l'égard d'une adoption, antinomique et contradictoire, l'adoption d'un enfant mineur ayant pour but de conférer l'autorité parentale au seul adoptant, la cour d'appel, qui a procédé à la recherche prétendument omise, a légalement justifié sa décision ».*

*2e **arrêt** : Vu l'article 365 du Code civil ; Attendu que l'adoptant est seul investi à l'égard de l'adopté de tous les droits d'autorité parentale à moins qu'il ne soit le conjoint du père ou de la mère de l'adopté ; Attendu que pour prononcer l'adoption simple, par Mme X., du fils de Mme Y., né le 13 juillet 2004, en estimant que l'adoption était conforme à l'intérêt de l'enfant, l'arrêt attaqué relève que Mmes Y. et X. ont conclu un pacte civil de solidarité en 2001, et qu'elles apportent toutes deux à l'enfant des conditions matérielles et morales adaptées et la chaleur affective souhaitable et qu'il est loisible à Mme Y. de solliciter un partage ou une délégation d'autorité parentale ; qu'en statuant ainsi, alors que cette adoption réalisait un transfert des droits d'autorité parentale sur l'enfant en privant la mère biologique, qui entendait continuer à élever l'enfant, de ses propres droits, de sorte que, même si Mme Y. avait alors consenti à cette adoption, en faisant droit à la requête la cour d'appel a violé le texte susvisé ; Par ces motifs, CASSE ET ANNULE l'arrêt rendu le 13 avril 2006 entre les parties par la cour d'appel de Bourges [...].*

■ *Faits*

Dans les deux espèces soumises à la Cour de cassation, il s'agissait de femmes qui étaient pacsées, mères d'enfants dont la filiation n'était pas établie à l'égard du père. Or, les juges du fond allaient adopter deux solutions différentes.

La Cour d'appel de Paris, le 6 mai 2004, avait refusé de prononcer l'adoption simple des deux enfants par la partenaire de la mère en considérant qu'elle n'était pas conforme à leur intérêt car la mère naturelle perdrait en conséquence son autorité parentale et que la délégation d'autorité parentale à son profit ne serait pas possible.

La Cour d'appel de Bourges, le 13 avril 2006, avait au contraire prononcé l'adoption simple, considérant que cette institution était conforme à l'intérêt de l'enfant et que la mère biologique pouvait alors solliciter un partage ou une délégation de l'autorité parentale.

S'appuyant sur les effets de l'adoption simple quant à l'exercice de l'autorité parentale, la Cour de cassation rejette le pourvoi formé contre l'arrêt de la Cour d'appel de Paris et logiquement censure la décision des juges de Bourges.

■ *Portée*

La Cour de cassation était amenée, dans ces arrêts, à se prononcer sur la question controversée de l'adoption simple par une personne homosexuelle des enfants de sa compagne. Dans le couple homosexuel, pas d'adoption simple d'un enfant par le partenaire si cela doit conduire à priver le parent biologique de ses droits d'autorité parentale. Telle est la solution qui ressort des deux arrêts du 20 février 2007.

La Cour de cassation statue au visa de l'article 365 du Code civil selon lequel « *l'adoptant est seul investi à l'égard de l'adopté de tous les droits d'autorité parentale, inclus celui de consentir au mariage de l'adopté, à moins qu'il ne soit le conjoint du père ou de la mère de l'adopté ; dans ce cas l'adoptant a l'autorité parentale concurremment avec son conjoint* ». La loi du 4 mars 2002 est d'ailleurs venue préciser sur ce point que le parent par le sang, titulaire de l'autorité parentale, « en conserve seul l'exercice, sous réserve d'une déclaration conjointe devant le greffier en chef du tribunal de grande instance aux fins d'un exercice en commun de cette autorité ». Le principe d'attribution de la fonction parentale à l'adoptant se justifie par le fait que l'adoption est un mode d'établissement de la filiation qui institue un lien de parenté entre l'adoptant et l'adopté. Or, l'article 365 contient une dérogation au principe de l'attribution exclusive de l'autorité parentale à l'adoptant dans l'hypothèse de l'adoption par l'un des époux de l'enfant du conjoint. En ce cas, l'autorité parentale appartient concurremment aux deux. Mais cette dérogation ne peut être transposée à l'adoption simple de l'enfant du partenaire pacsé ou de celui du concubin. Dès lors, en l'espèce, l'adoption de l'enfant par la partenaire de la mère ne pouvait que priver cette dernière de ses droits d'autorité parentale. C'est ainsi que la Cour de cassation justifie son refus de l'adoption, « cette dernière réalisant un transfert des droits d'autorité parentale sur l'enfant en privant la mère biologique de ses propres droits ».

La Cour de cassation se prononce ensuite sur la délégation d'autorité parentale. En effet, il avait été envisagé de tempérer les effets de l'adoption en recourant, une fois celle-ci prononcée, à une délégation partagée de l'autorité parentale en faveur de la mère. Il est vrai que dans un arrêt du

24 février 2006, la première Chambre civile avait admis que l'article 377, al. 1er du Code civil « *ne s'oppose pas à ce qu'une mère seule titulaire de l'autorité parentale en délègue tout ou partie de l'exercice à la femme avec laquelle elle vit une union stable et continue, dès lors que les circonstances l'exigent et que la mesure est conforme à l'intérêt de l'enfant* ». Mais les hypothèses ne sont pas semblables. En effet, en 2006, la mère avait saisi le juge pour obtenir la délégation partielle de son autorité au profit de sa partenaire, tout en en restant titulaire. En l'espèce, au contraire, le consentement de la mère à l'adoption simple de son enfant emporte la privation de ses droits d'autorité parentale. C'est pourquoi, sur ce point, la Cour de cassation relève que la délégation de l'autorité parentale, envisagée comme le moyen pour la mère naturelle de retrouver ses droits est « antinomique et contradictoire » avec l'adoption simple qui a « pour but de conférer l'autorité parentale au seul adoptant ». Elle en déduit donc que l'adoption ne s'avère pas conforme à l'intérêt de l'enfant.

Les arrêts du 20 février 2007 témoignent du fait que la Haute juridiction entend distinguer l'admission dans le couple homosexuel d'une forme de parentalité au moyen de la délégation d'autorité parentale et le refus de l'institution, au profit de ce même couple, d'un véritable lien de parenté, au moyen de l'adoption. La solution dégagée dans ces arrêts sera réitérée dans un arrêt du 19 décembre 2007.

Pour aller plus loin

- **Civ. 1re, 19 déc. 2007** : refus de l'adoption de l'enfant du partenaire.
- **Civ. 1re, 16 avril 2008** : délégation de l'autorité parentale par le père à la compagne de la mère décédée.
- **CEDH, 22 janv. 2008, *E. B. c/France*** : condamnation de la France pour refus d'agrément délivré à un célibataire fondé sur son orientation sexuelle.
- **Civ. 1re, 11 mars 2010** : refus du bénéfice du congé paternité à la partenaire de la mère d'un enfant.

Le mariage

Chapitre
3

Le mariage se définit comme une manifestation de volonté en vue d'adhérer à un modèle légal.

1 Civ. 1re, 13 mars 2007

Extraits *- Attendu, selon l'arrêt confirmatif attaqué, malgré l'opposition notifiée par le procureur de la République près le Tribunal de grande instance de Bordeaux, le maire de la commune de Bègles, en sa qualité d'officier d'état civil, a procédé au mariage de MM. X. et Y. et l'a transcrit sur les registres de l'état civil ; que cet acte a été annulé ; [...] Sur le second moyen : – Attendu que MM. X. et Y. font grief à l'arrêt d'avoir annulé l'acte de mariage... alors, selon le moyen : 1°/ qu'en retenant que la différence de sexe constitue en droit interne français une condition de l'existence du mariage, cependant que cette condition est étrangère aux articles 75 et 144 du Code civil, la cour, d'appel a violé les textes susvisés ; 2°/ qu'il y a atteinte grave à la vie privée garantie par l'article 8 de la Convention lorsque le droit interne est incompatible avec un aspect important de l'identité personnelle... qu'en excluant les couples de même sexe de l'institution du mariage..., la cour d'appel a violé les articles 8 et 14 de la Convention ; 3°/ que par l'article 12 de la Convention se trouve garanti le droit fondamental de se marier et de fonder une famille... qu'en excluant les couples de même sexe, que la nature n'a pas créé potentiellement féconds, de l'institution du mariage, cependant que cette réalité biologique ne saurait en soi passer pour priver ces couples du droit de se marier ; la cour d'appel a violé les articles 12 et 14 de la Convention européenne de sauvegarde des droits de l'homme et des libertés fondamentales ; 4°/ alors que si l'article 12 de la Convention vise expressément le droit pour un homme et une femme de se marier ; ces termes n'impliquent pas obligatoirement que les époux soient de sexe différent, sous peine de priver les homosexuels, en toutes circonstances, du droit de se marier, qu'en excluant les couples de même sexe de l'institution du mariage... la cour d'appel a violé les articles 12 et 14 de la Convention européenne de sauvegarde des droits de l'homme et des libertés fondamentales ; 5°/ que le libellé de l'article 9 de la Charte des droits fondamentaux de l'Union européenne s'écarte délibérément de celui de l'article 12 de la Convention européenne des droits de l'homme en ce qu'il garantit le droit de se marier sans référence à l'homme et à la femme qu'en retenant que les couples de même sexe ne seraient pas concernés par l'institution du mariage... la cour d'appel a violé l'article 9 de la Charte des droits fondamentaux de l'Union européenne ;*

Mais attendu que, selon la loi française, le mariage est l'union d'un homme et d'une femme ; que ce principe n'est contredit par aucune des dispositions de la Convention européenne des droits de l'homme et de la Charte des droits fondamentaux de l'Union européenne qui n'a pas en France de force obligatoire ; que le moyen n'est fondé en aucune de ses branches.

■ *Faits*

Malgré l'opposition formée par le procureur de la République de Bordeaux, le maire de Bègles a célébré le mariage de deux hommes. À la demande du Ministère public, les juges du fond ont prononcé la nullité de cette union. Les deux hommes forment alors un pourvoi en cassation arguant, d'une part de l'irrecevabilité de l'action en nullité du Ministère public, et d'autre part d'une atteinte à la vie privée et au droit de se marier et de fonder une famille au sens des articles 8, 12 et 14 de la Convention européenne des droits de l'homme et de l'article 9 de la Charte des droits fondamentaux.

■ *Portée*

La réponse concise de la Cour de cassation est loin d'être surprenante. Rejetant le pourvoi, la Cour affirme que la différence de sexe constitue bien une condition de formation du mariage. Les magistrats de la Haute juridiction réfutent ainsi sans ambages les arguments du pourvoi.

Tout d'abord, ils rappellent le droit d'agir du Ministère public en cas d'atteinte à l'ordre public (art. 423, NCPC) et ils considèrent que la célébration du mariage en dépit d'une opposition du Ministère public ouvre à ce dernier une action en contestation de sa validité.

Enfin, et c'était là tout l'enjeu de l'arrêt, la Cour énonce sans surprise que « selon la loi française, le mariage est l'union d'un homme et d'une femme. Ce principe n'est contredit par aucune des dispositions de la Convention européenne des droits de l'homme et de la Charte des droits fondamentaux de l'Union européenne (qui n'a pas en France force obligatoire) ». Une telle solution s'imposait en fait pour deux raisons.

D'une part, même si la différence de sexe entre les époux n'est pas expressément exigée par le Code civil, il ne fait aucun doute que le législateur en fait implicitement une condition de fond (art. 75, C. civ. sur l'échange des consentements et art. 144 sur l'âge nuptial de l'homme et de la femme).

D'autre part, et surtout le droit français n'est en aucun cas en contrariété avec les exigences européennes. En effet, la Cour européenne des droits de l'homme semble encore très attachée à une conception traditionnelle et donc hétérosexuelle du mariage. Une éventuelle discrimination ne saurait dès lors être établie.

Le mariage homosexuel est donc « hors la loi ». Par quelques formules lapidaires, la Cour de cassation a ainsi ruiné dans cet arrêt tous les espoirs de ceux qui prônent le mariage homosexuel. La révolution juridique ne saurait venir des juges. La balle est à présent dans le camp du législateur...

2 Civ. 1re, 21 mai 1990

« La Cour ; Sur les deux moyens réunis : Attendu, selon les énonciations des juges du fond, que Dominique N., née le 18 juin 1948, a été déclarée sur les registres de l'état civil comme étant de sexe féminin ; que dès son plus jeune âge, elle s'est considérée comme un garçon dont elle empruntait les jeux ; qu'après s'être soumise à divers traitements médicaux et avoir subi plusieurs opérations chirurgicales, elle a saisi le tribunal de grande instance d'une action tendant à la substitution, dans son acte de naissance, de la mention « sexe masculin », à celle de « sexe féminin » ; que l'arrêt attaqué, après avoir admis, avec les experts, que Dominique N. était un transsexuel vrai, l'a déboutée de sa demande aux motifs que le sexe psychologique ou psychosocial ne peut à lui seul primer le sexe biologique, anatomique ou génétique, que le sexe est un élément objectivement déterminé et intangible dont le meilleur critère est celui tiré de la formule chromosomique ; Attendu, qu'en un premier moyen, Dominique N. fait grief à la cour d'appel d'avoir, en refusant de reconnaître son identité sexuelle masculine, telle qu'elle résulte de sa morphologie modifiée et de son psychisme, violé l'article 8, alinéa 1er de la Convention européenne de sauvegarde des droits de l'homme et des libertés fondamentales ; qu'en un second moyen, elle lui reproche d'avoir refusé de modifier son état civil alors que le principe de l'indisponibilité de l'état des personnes ne s'oppose pas à un changement de sexe en cas de transsexualisme vrai, c'est-à-dire lorsque la discordance entre le sexe psychologique et le sexe génétique est indépendante de la volonté du sujet, irrésistible, prépondérante et irrémédiablement acquise ; Mais attendu que le transsexualisme, même lorsqu'il est médicalement reconnu, ne peut s'analyser en un véritable changement de sexe, le transsexuel, bien qu'ayant perdu certains caractères de son sexe d'origine, n'ayant pas pour autant acquis ceux du sexe opposé ; Et attendu que l'article 8 alinéa 1er de la Convention européenne des droits de l'homme qui dispose que toute personne a droit au respect de sa vie privée et familiale, n'impose pas d'attribuer au transsexuel un sexe qui n'est pas en réalité le sien ; D'où il suit que les moyens ne peuvent être accueillis ; Par ces motifs, REJETTE le pourvoi ».

■ *Faits*

Dominique N., née le 18 juin 1948, a été déclarée sur les registres de l'état civil comme étant de sexe féminin. Cependant, dès son plus jeune âge, elle s'est considérée comme un garçon. Dès lors, après avoir suivi divers traitements médicaux et subi plusieurs opérations chirurgicales, elle a exercé une action tendant à la substitution, dans son acte de naissance, de la mention « sexe masculin », à celle de « sexe féminin ». Les juges du fond l'ont débouté de sa demande considérant, après avoir reconnu son transsexualisme, que le sexe biologique, anatomique ou génétique est un élément objectivement déterminé et intangible. Un pourvoi en cassation est alors formé, rejeté par la Cour de cassation.

■ *Portée*

Dans cet arrêt de rejet, la 1re Chambre civile de la Cour de cassation répond à l'une des questions juridiques qu'a pu susciter le transsexualisme. En effet, un individu ayant changé de sexe peut-il obtenir en justice la modification de la mention du sexe porté sur son état civil ?

En l'espèce, la Haute juridiction a répondu par la négative au motif que le transsexualisme, même lorsqu'il est médicalement reconnu, ne peut s'analyser en un véritable changement de sexe, le transsexuel, bien qu'ayant perdu certains caractères de son sexe d'origine, n'a pas pour autant acquis ceux du sexe opposé. En outre, l'article 8, al. 1er de la CEDH, qui dispose que toute personne a droit au respect de sa vie privée et familiale, n'impose pas d'attribuer au transsexuel un sexe qui n'est pas en réalité le sien.

Par cette motivation, la Cour a ainsi écarté les deux moyens du pourvoi. Le transsexuel avait en effet invoqué d'une part la violation de l'article 8 de la CEDH posant le principe du respect de la vie privée. D'autre part, il soutenait que le principe de l'indisponibilité de l'état des personnes ne s'opposait pas à un changement de sexe en cas de transsexualisme vrai, c'est-à-dire lorsque la discordance entre le sexe psychologique et le sexe génétique est indépendante de la volonté du sujet, irrésistible, prépondérante et irrémédiablement acquise.

Aucun des arguments avancés par le requérant n'a donc emporté la conviction de la Cour de cassation à la différence de certains juges du fond dans des espèces antérieures. Le principe est clairement posé par la 1re Chambre civile : le sexe psychologique ne saurait prévaloir sur le sexe génétique. Confirmant ainsi sa jurisprudence antérieure, la Haute juridiction manifeste expressément son refus de prendre en considération le transsexualisme. Cependant cette rigueur ne pourra pas résister longtemps à la pression de la Cour européenne des droits de l'homme.

Pour aller plus loin

- **Civ. 1re, 16 déc. 1975** : refus d'admettre le changement d'état civil d'un transsexuel au nom du principe de l'indisponibilité de l'état.
- **Civ. 1re, 30 novembre 1983** : refus d'admettre la modification de l'état civil, les éléments physiques étant prépondérants dans la détermination du sexe.
- **CEDH, 25 mars 1992** : condamnation de la France pour violation de l'article 8 de la CEDH : incompatibilité de la situation des transsexuels avec le respect dû à la vie privée.

3 Ass. plén., 11 décembre 1992

« La Cour ; Sur le moyen unique : Vu l'article 8 de la Convention européenne de sauvegarde des droits de l'homme et des libertés fondamentales, les articles 9 et 57 du Code civil et le principe de l'indisponibilité de l'état des personnes ; Attendu que lorsque, à la suite d'un traitement médico-chirurgical, subi dans un but thérapeutique, une personne présentant le syndrome du transsexualisme ne possède plus tous les caractères de son sexe d'origine et a pris une apparence physique la rapprochant de l'autre sexe, auquel correspond son comportement social, le principe du respect dû à la vie privée justifie que son état civil indique désormais le sexe dont elle a l'apparence ; que le principe de l'indisponibilité de l'état des personnes ne fait pas obstacle à une telle modification ; 7- Attendu que M. René X, né le 3 mars 1957, a été déclaré sur les registres de l'état civil comme étant du sexe masculin ; que, s'étant depuis l'enfance considérée comme une fille, il s'est, dès l'âge de 20 ans, soumis à un traitement hormonal et a subi, à 30 ans, l'ablation de ses organes génitaux externes avec création d'un néo-vagin ; qu'à la suite de cette opération, il a saisi le tribunal de grande instance de demandes tendant à la substitution, sur son acte de naissance, de la mention « sexe féminin » à celle de « sexe masculin » ainsi qu'au changement de son prénom ; que le tribunal a décidé que M. X se prénommerait Renée, mais a rejeté ses autres prétentions ; que l'arrêt attaqué a confirmé la décision des premiers juges aux motifs que la conviction intime de l'intéressé d'appartenir au sexe féminin et sa volonté de se comporter comme tel ne sauraient suffire pour faire reconnaître qu'il était devenu une femme, et que le principe de l'indisponibilité de l'état des personnes s'opposait à ce qu'il soit tenu compte des transformations obtenues à l'aide d'opérations volontairement provoquées ; Attendu, cependant, que la cour d'appel a d'abord constaté, en entérinant les conclusions de l'expert psychiatre commis par le tribunal, que M. X présentait tous les caractères du transsexualisme et que le traitement médico-chirurgical auquel il avait été soumis lui avait donné une apparence physique telle que son nouvel état se rapprochait davantage du sexe féminin que du sexe masculin ; qu'elle a énoncé, ensuite, que l'insertion sociale de l'intéressé était conforme au sexe dont il avait l'apparence ; d'où il suit qu'en statuant comme elle l'a fait, elle n'a pas tiré de ses constatations les conséquences légales qui s'en déduisaient ; Et attendu qu'il y a lieu, conformément à l'article 627, alinéa 2, du nouveau Code de procédure civile, de mettre fin au litige en appliquant la règle de droit appropriée ;

Par ces motifs, CASSE ET ANNULE l'arrêt rendu le 15 novembre 1990, entre les parties, par la cour d'appel d'Aix-en-Provence ; Dit n'y avoir lieu à renvoi ; Dit que Renée X., née le 3 mars 1957 sera désignée à l'état civil comme de sexe féminin ; Ordonne la mention du présent arrêt en marge de l'acte de naissance de l'intéressée (...) ».

Faits

Une personne transsexuelle, déclarée de sexe masculin à la naissance, adopte dès son plus jeune âge un comportement féminin. Après avoir subi un traitement médical et chirurgical pour changer de sexe, elle demande aux autorités de reconnaître sa nouvelle identité sexuelle en corrigeant les mentions de son état civil. La juridiction d'appel confirmant la décision des premiers juges a accepté la modification du prénom mais non celle relative à la mention du sexe au motif que « le principe de l'indisponibilité de l'état des personnes s'opposait à ce qu'il soit tenu compte des transformations obtenues à l'aide d'opérations volontairement provoquées ».

Cette décision est censurée par l'Assemblée plénière de la Cour de cassation qui pose comme principe que « Lorsque, à la suite d'un traitement médico-chirurgical, subi dans un but thérapeutique, une personne présentant le syndrome du transsexualisme ne possède plus les caractères de son sexe d'origine et a pris une apparence physique la rapprochant de l'autre sexe, auquel correspond son comportement social, le principe du respect dû à la vie privée justifie que son état civil indique désormais le sexe dont elle a l'apparence ».

Portée

Le revirement jurisprudentiel opéré par cet arrêt découle de la condamnation de la France par la Cour EDH le 25 mars 1992 : cette dernière estimant qu'un transsexuel qui ne peut obtenir la rectification de son état civil se trouve quotidiennement dans une situation incompatible avec le respect dû à la vie privée.

Suivant en cela les conclusions de son avocat général, la Cour de cassation admet donc, dans cet arrêt, que le transsexuel vrai auquel sa morphologie modifiée et son comportement social confèrent une apparence le rapprochant du sexe qu'il revendique peut obtenir le changement de son état civil. Elle exige toutefois que le traitement ait été réalisé dans un but thérapeutique dont la nécessité doit être constatée par une expertise judiciaire.

La reconnaissance du transsexualisme par la Haute juridiction devait alors relancer le débat sur le droit pour le transsexuel de se marier. C'est sur ce point que la Cour EDH se prononcera dix ans plus tard, dans l'arrêt *Goodwin c/Royaume Uni* du 11 juillet 2002.

Pour aller plus loin

- **CEDH, 25 mars 1992** : condamnation de la France pour violation de l'article 8 de la CEDH : incompatibilité de la situation des transsexuels avec le respect dû à la vie privée.

4 CEDH (Gr. Ch.), 11 juillet 2002, *Goodwin c/Royaume Uni*

La Cour n'est pas convaincue que l'impossibilité pour les personnes transsexuelles d'acquérir toutes les caractéristiques biologiques du nouveau sexe revêt une importance décisive. Il existe des éléments clairs et incontestés montrant une tendance internationale continue non seulement vers une acceptation sociale accrue des transsexuels mais aussi vers la reconnaissance juridique de la nouvelle identité sexuelle des transsexuels opérés. La Cour ne constate aucun risque réel de préjudice susceptible de résulter pour les tiers de modifications du système d'enregistrement des naissances à la suite d'une reconnaissance de la conversion sexuelle. Dès lors, il y a eu manquement au respect du droit de l'intéressée à sa vie privée en violation de l'article 8. Certes l'article 12 vise expressément le droit pour un homme et une femme de se marier, mais la Cour n'est pas convaincue que l'on puisse aujourd'hui continuer d'admettre que ces termes impliquent que le sexe doive être déterminé selon des critères purement biologiques. La Cour a examiné si le fait que le droit national retienne aux fins du mariage le sexe enregistré à la naissance constitue en l'espèce une limitation portant atteinte à la substance même du droit de se marier. À cet égard, elle juge artificiel d'affirmer que les personnes ayant subi une opération de conversion sexuelle ne sont pas privées du droit de se marier puisque, conformément à la loi, il leur demeure possible d'épouser une personne du sexe opposé à leur ancien sexe. En l'espèce, la requérante mène une vie de femme et souhaite uniquement épouser un homme. Or elle n'en a pas la possibilité. Elle peut donc se plaindre d'une atteinte à la substance même de son droit de se marier. S'il appartient à l'État contractant de déterminer, notamment, les conditions que doit remplir une personne transsexuelle qui revendique la reconnaissance juridique de sa nouvelle identité sexuelle pour établir que sa conversion sexuelle a bien été opérée et les formalités applicables à un futur mariage, la Cour ne voit aucune raison justifiant que les transsexuels soient privés en toutes circonstances du droit de se marier. Elle conclut qu'il y a eu violation de l'article 12.

■ *Faits*

La requérante était une transsexuelle opérée passée du sexe masculin au sexe féminin. D'un mariage pourtant conclu antérieurement, mais dissous depuis, elle avait eu des enfants auprès desquels elle continuait à jouer son rôle.

Devant la Cour EDH, elle invoque une série de griefs liés à ses conditions d'existence et à l'exercice de ses droits et par voie de conséquence, une violation des articles 8 et 12 de la Convention.

■ *Portée*

Cette affaire pose le problème de savoir si les États contractants ont l'obligation positive d'assurer l'exercice du droit au mariage aux transsexuels, conformément à l'article 12 de la Convention. Pour la Cour EDH, les transsexuels ne doivent pas être privés du droit de se marier, sous peine de violation de l'article 12. La portée de cette décision est d'autant plus grande qu'elle a été rendue par la Grande Chambre et à l'unanimité.

Si dans un premier temps, les juges européens ont pris une position de principe en affirmant que l'article 12 ne garantit pas le droit au mariage d'un transsexuel, cet article visant le mariage traditionnel entre deux personnes de sexe biologiquement différent, ils considèrent depuis l'arrêt *Goodwin* que compte tenu de l'évolution de la société et des progrès de la médecine, il n'est plus possible de continuer à penser que ces termes impliquent que le sexe doive être déterminé selon des critères purement biologiques. La conclusion de la Cour est la suite logique de son arrêt de 1992. Même si les conditions d'exercice du droit au mariage restent dans le champ des législations nationales, la marge d'appréciation des États est désormais plus réduite, la Cour ayant précisé que celle-ci ne peut aller jusqu'à interdire en pratique l'exercice du droit de se marier. La Cour dissocie le droit de se marier et de fonder une famille : l'incapacité pour un couple de concevoir ou d'élever un enfant ne saurait, en soi, passer pour le priver du droit de se marier. Le fait que le droit national retienne aux fins du mariage le sexe enregistré à la naissance constitue une limitation portant atteinte à la substance même du droit de se marier.

L'admission du mariage des transsexuels devait relancer la question du mariage homosexuel. En abandonnant l'interprétation de l'article 12 qui réservait le mariage aux personnes de sexes biologiquement différents, c'est non seulement aux transsexuels mais également aux homosexuels que la Cour EDH vient d'entrouvrir les portes des mairies. Il faut préciser que l'article 9 de la Charte des droits fondamentaux de l'Union européenne de 2000 concernant le droit au mariage évite toute référence au mariage entre « un homme et une femme ». En France, la question du mariage homosexuel a été résolue par la Cour de cassation le 13 mars 2007.

Pour aller plus loin

- **CEDH, 23 mai 2006, *Grant c/Royaume-Uni*** : violation de l'article 8 en raison de l'impossibilité pour une transsexuelle de faire reconnaître juridiquement son changement de sexe et d'obtenir une pension de retraite à l'âge minimum requis pour les autres femmes.

5 Civ. 1re, 20 novembre 1963

« Sur le moyen unique : Attendu qu'il résulte des constatations des juges du fond que X. a demandé la nullité du mariage qu'il a contracté à Ajaccio avec demoiselle Liliane Y., exposant qu'il n'avait consenti à cette union que dans le but de conférer la légitimité à l'enfant dont il était le père, mais qu'il n'avait aucune intention de fonder un foyer, et qu'il fut convenu entre les futurs époux Z. que le divorce serait demandé dès la célébration du mariage ; attendu qu'il est fait grief à l'arrêt confirmatif attaqué d'avoir débouté l'appelant de sa demande, au motif que le mariage n'était entaché ni du vice d'erreur, ni du vice de violence, alors que les époux n'avaient pas l'intention véritable et sérieuse de fonder une famille ; Mais attendu que si le mariage est nul, faute de consentement, lorsque les époux se sont prêtés a la cérémonie qu'en vue d'atteindre un résultat étranger à l'union matrimoniale, il est au contraire valable lorsque les conjoints ont cru pouvoir limiter ses effets légaux, et notamment n'ont donné leur consentement que dans le but de conférer à l'enfant commun la situation d'enfant légitime ; Attendu que tant par ses motifs propres que par ceux des premiers juges qu'il adopte, l'arrêt relève exactement que le désir et le souci d'assurer à un enfant une naissance légitime au sein d'un foyer légalement fonde constitue l'une des raisons majeures de l'institution du mariage et que le mariage est une institution d'ordre public à laquelle les parties contractantes ne peuvent apporter les modifications que leur intérêt ou les circonstances exigeraient ; qu'ainsi l'arrêt attaqué, qui est motivé, n'a pas violé les textes visés au moyen et que le grief doit être écarté ; Par ces motifs : REJETTE le pourvoi formé contre l'arrêt rendu le 9 avril 1962 par la cour d'appel de Bastia ».

■ *Faits*

Un individu demande la nullité du mariage qu'il a contracté avec une femme, exposant qu'il n'avait consenti à cette union que dans le but de conférer la légitimité à l'enfant dont il était le père et qu'il n'avait aucune intention de fonder une famille puisqu'il était convenu entre les futurs époux que le divorce serait demandé dès la célébration du mariage.

Par arrêt confirmatif, la Cour d'appel le déboute de sa demande au motif que le mariage n'était entaché ni du vice d'erreur, ni du vice de violence. La Cour de cassation rejette le pourvoi formé contre cet arrêt et approuve les motifs adoptés par les juges du fond qui relèvent d'une part, que le désir et le souci d'assurer à un enfant une naissance légitime au sein d'un foyer légalement fondé constitue l'une des raisons majeures de l'institution du mariage et d'autre part, que le mariage est une institution d'ordre public à laquelle les parties contractantes ne peuvent apporter les modifications que leur intérêt ou les circonstances exigeraient.

■ *Portée*

Traditionnellement, les tribunaux sanctionnaient les époux lorsqu'ils constataient que ces derniers ne s'étaient pas mariés pour fonder une famille et établir une vie commune mais pour obtenir un avantage accessoire au mariage. Or, la Cour de cassation, dans ce célèbre arrêt *Appietto*, est venue jeter le trouble en décidant : « si le mariage est nul faute de consentement lorsque les époux ne se sont prêtés à la cérémonie qu'en vue d'atteindre un résultat étranger à l'union matrimoniale, il est au contraire valable lorsque les époux ont cru pouvoir limiter ses effets légaux, et notamment n'ont donné leur consentement que dans le but de conférer à l'enfant commun la situation d'enfant légitime ». En l'occurrence, le mariage était valable alors que les époux ne s'étaient mariés que pour conférer la légitimité de leur enfant à naître.

La Cour de cassation opérait, dans cet arrêt, une distinction entre deux sortes d'effets accessoires : ceux dont la recherche exclusive entache le mariage de nullité et ceux dont la poursuite laisse le mariage intact. C'était un critère difficile à mettre en œuvre. C'est ce qui peut expliquer l'évolution jurisprudentielle qui s'est produite dans un arrêt du 28 octobre 2003 dans lequel la Cour de cassation, employant une formule plus générale, semble désormais considérer que tout mariage fictif mérite d'être sanctionné.

Il reste que l'arrêt *Appietto* a eu le mérite de déterminer la sanction des mariages fictifs, de même que son fondement : le mariage ainsi contracté est nul pour absence de consentement. Ce faisant, il mettait fin à différentes solutions jurisprudentielles ainsi qu'à certaines propositions doctrinales consistant à maintenir le mariage tout en refusant l'octroi de l'avantage recherché.

L'hypothèse de l'arrêt *Appietto* a perdu aujourd'hui de son intérêt en raison de l'instauration du principe de l'égalité des filiations finalisé par l'ordonnance du 4 juillet 2005 portant réforme de la filiation.

Pour aller plus loin

- **Civ. 1re, 12 nov. 1998** : la détermination des buts véritables poursuivis par les époux relève de l'appréciation souveraine des juges du fond.
- **Civ. 1re, 17 nov. 1981** : lorsque les époux ont divorcé par consentement mutuel, pour se remarier immédiatement dans le dessein de permettre au mari l'acquisition de la nationalité française, le divorce prononcé et le mariage qui l'a suivi restent valables mais le second mariage n'a pu produire l'effet acquisitif de nationalité frauduleusement recherché.

6 Civ. 1re, 28 octobre 2003

« Vu l'article 146 du Code civil ; Attendu que le mariage est nul lorsque les époux ne se sont prêtés à la cérémonie qu'en vue d'atteindre un but étranger à l'union matrimoniale ; Attendu que pour débouter M. X. de sa demande d'annulation du mariage, la cour d'appel énonce seulement que, même à admettre que le mariage ait eu pour seule fin des avantages patrimoniaux pour Mme Y. qu'un testament ne lui aurait pas donné, sa nullité ne serait pas encourue dès lors que l'un de ses effets est d'avoir permis aux conjoints de mettre en œuvre, quant à leurs biens, les conventions spéciales ; Attendu qu'en se déterminant ainsi, elle n'a pas donné de base à sa décision ;
Par ces motifs : CASSE ET ANNULE, dans toutes ses dispositions, l'arrêt... »

■ *Faits*

Un homme atteint d'une grave maladie et dans un état désespéré se marie avec une amie d'enfance. Par contrat de mariage, il apporte ses biens à la communauté, avec clause d'attribution intégrale au conjoint survivant. Par la suite, son état de santé s'étant amélioré, l'homme reprend son ancien mode de vie et demande la nullité du mariage pour absence de consentement sur le fondement de l'article 146 du Code civil. Par un arrêt du 7 mai 2001, la cour d'appel de Grenoble le déboute en constatant que « même à admettre que le mariage ait eu pour seule fin des avantages patrimoniaux (...), sa nullité ne serait pas encourue dès lors que l'un de ses effets est d'avoir permis aux conjoints de mettre en œuvre, quant à leurs biens, les conventions spéciales... ».

La Cour de cassation casse cette décision pour manque de base légale après avoir énoncé que « le mariage est nul lorsque les époux ne se sont prêtés à la cérémonie qu'en vue d'atteindre un but étranger à l'union matrimoniale ».

■ *Portée*

Un mariage est nul lorsque les prétendus époux ne l'ont conclu qu'à seule fin d'obtenir des avantages patrimoniaux : tel est l'enseignement qui peut être tiré de cet arrêt. L'article 146 du Code civil dispose qu'il n'y a pas de mariage lorsqu'il n'y a point de consentement. Il est donc traditionnellement jugé que lorsque les époux ne se marient qu'en vue d'obtenir un avantage étranger à l'union conjugale, le mariage est nul faute d'intention matrimoniale. De fait, il arrive que certains époux ne se prêtent à la cérémonie du mariage qu'en vue d'obtenir un effet secondaire, tel est le cas du mariage légitimant, du mariage calcul ou du mariage naturalisant. Une fois l'avantage obtenu, ils entreprennent de divorcer. Il s'agit purement et simplement d'une instrumentalisation et d'un détournement de l'institution du mariage.

Une partie du contentieux sur le sujet concerne des époux qui ne sont portés par aucun projet matrimonial et qui ne recherchent dans le mariage qu'ils concluent que des avantages patrimoniaux ou fiscaux. De tels époux ne sont attirés que par certains effets que la loi attache au mariage. La Cour de cassation a estimé que certains effets exclusivement recherchés par les époux dans le mariage ne peuvent compromettre la validité de celui-ci parce qu'ils sont néanmoins conformes à une finalité majeure de l'institution, comme la volonté de conférer la légitimité à un enfant à naître. En revanche, la recherche de certains effets du mariage, qualifiés de secondaires, est étrangère à toute intention matrimoniale. Ainsi en va-t-il de l'union contractée dans la seule fin d'obtenir la nationalité française ou encore de l'union contractée dans la seule fin d'obtenir des avantages patrimoniaux comme l'illustre le présent arrêt.

En effet, la Cour de cassation refuse de valider un mariage exclusivement conclu pour permettre la mise à exécution de conventions matrimoniales plus avantageuses pour leur bénéficiaire que ne le seraient les clauses du testament auquel le gratifiant serait réduit en n'épousant pas. Ainsi, pour la Cour, le « mariage successoral » est nul en ce qu'il est vide de toute intention matrimoniale. La généralité de l'attendu « le mariage est nul lorsque les époux ne se sont prêtés à la cérémonie qu'en vue d'atteindre un but étranger à l'union matrimoniale » contraste avec celui adopté dans l'arrêt *Appietto* et semble condamner la théorie de la validité du mariage à effet conventionnellement limité suggérée par ce dernier arrêt. L'essentiel du contentieux des mariages blancs concerne aujourd'hui les mariages conclus entre un national et un étranger afin de faire bénéficier ce dernier de certains avantages tels que la nationalité, une carte de séjour ou de résident. Pour endiguer le phénomène de ces mariages de complaisance, les lois Pasqua du 23 août 1993 et du 30 décembre 1993 ont mis en place un ensemble de mesures, préventives et répressives, que les lois Sarkozy du 26 novembre 2003 et du 24 juillet 2006 ont encore renforcées.

Pour aller plus loin

- **Civ. 1re, 12 nov. 1998** : la détermination des buts véritables poursuivis par les époux relève de l'appréciation souveraine des juges du fond.
- **Civ. 1re, 22 nov. 2005** : c'est au conjoint demandeur en nullité du mariage de rapporter la preuve de l'absence d'intention matrimoniale.
- **Civ. 1re, 17 nov. 1981** : lorsque les époux ont divorcé par consentement mutuel, pour se remarier immédiatement afin de permettre au mari l'acquisition de la nationalité française, le divorce prononcé et le mariage qui l'a suivi restent valables mais le second mariage n'a pu produire l'effet acquisitif de nationalité frauduleusement recherché.

7 Civ. 1re, 2 décembre 1992

« Attendu que les héritiers de Charles B., font grief à l'arrêt attaqué d'avoir rejeté la demande en annulation du mariage. Mais attendu que la preuve de l'absence de consentement d'un conjoint lors du mariage incombe à celui qui conteste la validité de cet acte ; qu'en l'espèce, après avoir énoncé que, selon un certificat médical versé aux débats par Charles B., Charles R. souffrait depuis sa naissance d'un certain état d'infantilisme cérébral le mettant dans l'impossibilité de gérer ses affaires, l'arrêt retient, par motifs propres et adoptés que les autres attestations produites par le demandeur doivent être écartées ; qu'il constate ensuite qu'un certificat médical établi par le chef du service où était hospitalisé Charles R. indique que celui-ci était alors « parfaitement lucide et sain d'esprit » ; qu'il relève encore que le mariage a été célébré à la mairie dans des conditions normales ; qu'en l'état de ces constatations et énonciations, la cour d'appel a souverainement estimé, par une appréciation échappant au contrôle de la Cour de cassation, que Charles B. ne rapportait pas la preuve dont il avait la charge dès lors que les éléments soumis à son examen révélaient que l'état de santé présenté par Charles R., à l'époque considérée, ne l'empêchait pas d'exprimer un consentement valable ; qu'elle a ainsi, sans inverser la charge de la preuve, légalement justifié sa décision ».

■ *Faits*

Un individu qui – selon un certificat médical produit par la suite en justice, est atteint depuis sa naissance d'un infantilisme cérébral le rendant inapte à gérer ses affaires – après avoir institué, par testament authentique son cousin germain légataire universel, va quelques années plus tard, alors qu'il est hospitalisé, révoquer ses précédentes dispositions et désigner en qualité de légataire universel sa compagne. À sa sortie de l'hôpital, il épouse cette dernière. De nouveau hospitalisé, il décède quelque temps plus tard. Son cousin germain puis par la suite ses héritiers tentent de contester à la fois la valeur du second testament et celle du mariage. La Cour d'appel les déboute cependant de leur double demande de nullité.

■ *Portée*

Un époux peut avoir exprimé sa volonté de se marier sans avoir toujours conscience de la portée de son acte. Il peut en aller ainsi en cas de mariage *in extremis*, de mariage d'un dément ou plus généralement en cas de défaut de lucidité. Le mariage étant un acte juridique, le caractère conscient du consentement est pourtant indispensable.

La Cour de cassation a précisé dans cet arrêt que le mariage est valablement formé si le sujet y a consenti dans un intervalle de lucidité. À défaut, un tel consentement est entaché d'une cause de nullité absolue, car un consentement non conscient équivaut à un défaut de consentement, sanctionné sur le fondement de l'article 146 du Code civil.

Cependant, toute la difficulté réside dans la preuve, le caractère conscient du consentement étant présumé. Il incombe donc au demandeur en nullité de prouver qu'au moment où le consentement a été exprimé, le marié n'était pas conscient de la portée de son acte, circonstance qui est appréciée souverainement par les juges du fond. Cependant, un arrêt du 28 mai 1980, dans une hypothèse où cinq mois s'étaient écoulés entre le mariage et le décès de l'époux, avait relevé l'irresponsabilité antérieure du mari et son état de sénilité pour déduire l'absence de consentement valable au mariage. C'est dans la ligne de cette jurisprudence que le moyen en cassation soutenait qu'en présence d'un état habituel de confusion mentale, il revenait à l'épouse qui se prévalait de l'existence d'un consentement valable lors de la célébration d'en apporter la preuve.

Après cet arrêt très critiqué du 28 mai 1980, la Cour de cassation revient donc, avec le présent arrêt, à une position plus rigoureuse. Revenant à sa position classique concernant la charge de la preuve, elle affirme que c'est à celui qui met en cause l'absence de consentement lors du mariage d'en établir la preuve. En l'espèce, malgré un certificat médical qui affirmait que depuis sa naissance le mari souffrait d'un certain état d'infantilisme cérébral le mettant dans l'impossibilité de gérer ses affaires, la Cour constate que les juges du fond ont, par une appréciation souveraine, estimé qu'au moment du mariage, il était parfaitement lucide et sain d'esprit.

Il convient de noter que le mariage d'un incapable majeur, sous tutelle ou en curatelle, nécessite l'autorisation d'autrui, ce qui limite ainsi les risques.

Pour aller plus loin

- **Civ. 1re, 29 janv. 1975** : l'appréciation des juges du fond quant à l'existence d'une maladie mentale à l'époque du mariage échappe au contrôle de la Cour de cassation.
- **Civ. 1re, 28 mai 1980** : il y a lieu de déclarer nul, en raison du défaut de consentement de l'époux, le mariage auquel ce dernier a consenti alors qu'il se trouvait, de notoriété publique, dans un état de démence sénile le rendant irresponsable de ses actes.
- **Civ. 1re, 31 janv. 2006** : validité d'un mariage *in extremis* (consentement exprimé par un râle, mais consacrant une vie commune antérieure très unie).

8 Civ., 30 mai 1838

La Cour ; Attendu que l'arrêt attaqué, en décidant que toute promesse de mariage est nulle en soi, comme portant atteinte à la liberté illimitée qui doit exister dans les mariages, n'a fait que proclamer un principe d'ordre public, et qui, soit avant, soit depuis la promulgation du Code civil, a toujours été consacré par la jurisprudence ; Attendu que, sans porter atteinte à ce principe, l'arrêt attaqué a pu décider que l'inexécution de semblables promesses pouvait, dans certaines circonstances, donner lieu à des actions en dommages-intérêts, lorsque cette inexécution avait causé un préjudice réel, parce que, dans ce cas, l'action en dommages-intérêts ne prend pas sa source dans la validité de la promesse de mariage, mais dans le fait du préjudice causé et de l'obligation imposée par la loi, à celui qui en est l'auteur, de le réparer ; Mais attendu que, de l'ensemble des motifs de l'arrêt attaqué, il résulte qu'il n'a pu être porté de préjudice réel à Antoinette-Anne Bouvier ; Qu'en se fondant sur ces motifs pour rejeter l'action en dommages-intérêts, formée par Pierre-Antoine Bouvier, dans l'intérêt de sa fille, la cour royale de Poitiers n'a fait qu'user du droit qu'elle avait d'apprécier les faits et les circonstances de la cause ; et que l'arrêt attaqué, fondé sur cette appréciation, n'a pu violer aucune loi ; Par ces motifs, REJETTE... ».

■ *Faits*

Un homme et une femme ont conclu un contrat de mariage dans lequel il était stipulé que le futur mari faisait donation à sa promise d'une somme de 20 000 francs qui composait toute sa fortune. Il était prévu que cette disposition serait applicable même dans le cas où la célébration du mariage n'aurait pas lieu, soit parce qu'il décéderait avant, soit pour une raison indépendante de sa volonté. Ayant par la suite renoncé à son projet marital, l'homme est assigné en justice par la jeune femme délaissée en paiement d'une somme de 20 000 francs à titre de dommages et intérêts.

Dans un arrêt confirmatif, la cour d'appel de Poitiers a rejeté sa demande. Un pourvoi est formé.

■ *Portée*

Dans l'arrêt reproduit, la Cour de cassation a eu à se prononcer sur la validité des promesses de mariages et sur la délicate question de la rupture des fiançailles. Elle a ainsi rejeté le pourvoi formé par la fiancée délaissée au motif que « toute promesse de mariage est nulle en soi comme portant atteinte à la liberté illimitée qui doit exister dans le mariage ».

Rompant avec l'Ancien droit et consacrant la jurisprudence dominante, la Haute juridiction refuse donc, par cette décision, de reconnaître aux fiançailles une nature contractuelle. C'est là la condition d'une véritable liberté matrimoniale car cette liberté consiste bien évidemment dans la liberté de ne pas se marier. Les futurs époux doivent donc pouvoir se rétracter jusqu'au dernier moment sans encourir une responsabilité contractuelle.

Dépourvues de toute force obligatoire, les fiançailles, simples faits juridiques, ne sont donc pas susceptibles d'exécution forcée mais aussi et surtout elles peuvent être rompues librement.

Pour autant cette liberté de rupture n'est pas sans limites selon la Cour de cassation. Une rupture abusive pourrait donner lieu, sur le fondement de l'article 1382 du Code civil, à dommages et intérêts à charge pour le ou la(le) fiancé(e) délaissé(e) de rapporter la preuve d'une faute et d'un préjudice.

La faute présente ici une physionomie particulière car selon la jurisprudence postérieure, elle pourrait résider dans les circonstances de la rupture, rupture brutale, tardive, ou encore par caprice. Mais elle pourrait également résulter des motifs de rupture invoqués qui seraient illégitimes tels que des considérations de race, de fortune ou d'opinion.

Quant au préjudice, il pourrait être tant matériel (frais de préparation du mariage par exemple) que moral voire les deux. C'est d'ailleurs précisément l'absence de préjudice réel qui a fondé dans l'espèce le refus d'octroyer des dommages et intérêts à la fiancée.

Enfin, et bien évidemment, encore faudra-t-il au préalable au demandeur prouver par tous moyens l'existence d'une promesse de mariage. Tel est donc le prix de la liberté matrimoniale.

Ainsi, malgré le recul du mariage, le contentieux de la rupture des fiançailles n'a pas complètement disparu masquant le plus souvent une rupture de concubinage.

Pour aller plus loin

- **Civ. 1re, 4 janvier 1995** : la rupture d'une promesse de mariage n'est pas à elle seule génératrice de dommages et intérêts lesquels ne peuvent être accueillis que s'il vient s'y ajouter une faute en raison des circonstances.
- **Civ. 1re, 3 novembre 1976** : rupture abusive après avoir entretenu l'espoir d'un mariage et abandon quelques jours avant la naissance de l'enfant.
- **Civ. 1re, 3 janvier 1980** : la preuve de l'existence des fiançailles peut être rapportée par tous moyens.

9 Cass. Ch. Réunies, 24 avril 1862

« Attendu que l'erreur dans la personne dont les articles 146 et 180 du Code Napoléon ont fait une cause de nullité de mariage ne s'entend que d'une erreur portant sur la personne elle-même ; Attendu que si la nullité ainsi établie ne doit pas être restreinte au cas unique de l'erreur provenant d'une substitution frauduleuse de personne au moment de la célébration ; Si elle peut également recevoir son application quand l'erreur procède de ce que l'un des époux s'était fait agréer en se présentant comme membre d'une famille qui n'est pas la sienne, et s'est attribué les conditions d'origine et la filiation qui appartiennent à un autre ; Le texte et l'esprit de l'article 180 écartent virtuellement de sa disposition les erreurs d'une autre nature, et n'admettent la nullité que pour l'erreur qui porte sur l'identité de la personne, et par le résultat de laquelle l'une des parties a épousé une personne autre que celle à qui elle croyait s'unir ; Qu'ainsi, la nullité pour erreur dans la personne reste sans extension possible aux simples erreurs sur des conditions ou des qualités de la personne, sur des flétrissures qu'elle aurait subies, et spécialement à l'erreur de l'époux qui a ignoré la condamnation à des peines afflictives ou infamantes antérieurement prononcée contre son conjoint et la privation des droits civils et civiques qui s'en est suivie ; Que la déchéance établie par l'article 34 du Code pénal ne constitue pas par elle-même ni un empêchement à mariage, ni une cause de nullité de l'union contractée ; – Qu'elle ne touche non plus en rien à l'identité de la personne ; qu'elle ne peut donc motiver une action en nullité du mariage pour erreur dans la personne ; Qu'en le jugeant ainsi et en rejetant la demande en nullité de son mariage formée par Zoé H..., et motivée sur l'ignorance où elle avait été, à l'époque du mariage, de la condamnation à quinze ans de travaux forcés qu'avait antérieurement subie B. son mari, et de la privation des droits civils et civiques qui en avait été la suite, l'arrêt attaqué n'a fait qu'une juste et saine application des articles 146 et 180 du Code Napoléon ; Par ces motifs, REJETTE... ».

■ *Faits*

Quelque temps après son mariage, une jeune femme apprend d'un tiers que son mari a auparavant été condamné à 15 ans de travaux forcés pour complicité d'assassinat. Elle intente donc une action en nullité de son mariage pour erreur. Cette action est rejetée par la cour d'appel dont l'arrêt est ensuite cassé par la Chambre civile de la Cour de cassation au motif que « s'il résulte de la combinaison des articles 146 et 180 du Code civil que la nullité du mariage ne peut être prononcée pour cause d'erreur que lorsqu'il y a erreur dans la personne, cette erreur doit s'entendre non seulement de l'erreur dans la personne physique mais encore de l'erreur dans la personne civile ». La Cour de renvoi ayant refusé de suivre le raisonnement de la 1re Chambre civile, la jeune femme forme alors un second pourvoi.

■ *Portée*

Cet arrêt des Chambres réunies, célèbre sous le nom d'arrêt *Berton*, permet de retracer l'évolution jurisprudentielle et législative relative au vice d'erreur entachant le consentement à mariage. En l'occurrence, cette décision illustre parfaitement la conception extrêmement restrictive de l'erreur dans la personne, cause de nullité relative du mariage, qui prévalait dans le Code civil de 1804, largement inspirée par Pothier.

Rejetant le pourvoi de la jeune mariée, la Cour de cassation a ainsi énoncé que l'erreur dans la personne, qui aux termes de l'article 180 du Code civil annule le mariage, ne doit s'entendre que d'une erreur qui porte sur l'identité de la personne. Cette nullité ne s'étend pas aux simples erreurs sur des conditions ou des qualités de la personne et spécialement à l'erreur de l'époux qui a ignoré la condamnation à des peines afflictives et infamantes antérieurement prononcées contre son conjoint ».

La Haute juridiction en Chambres réunies venait donc rappeler que seule une erreur sur l'identité de la personne pouvait être invoquée pour demander la nullité de mariage ; celle-ci pouvait résulter, soit d'une erreur sur son identité physique supposant alors une substitution de personnes, soit d'une erreur sur son identité civile. En revanche, toute erreur portant sur une qualité essentielle de la personne, sur son intégrité physique, morale ou judiciaire comme en l'espèce, devait être exclue. Face à la rigueur prônée dans cet arrêt par la Haute juridiction, certains juges du fond ont alors organisé la résistance. Ils ont ainsi admis la nullité pour erreur sur la santé mentale du conjoint, sur son aptitude sexuelle ou encore son honorabilité.

C'est finalement le législateur qui a mis un terme à cette controverse jurisprudentielle par la loi du 11 juillet 1975. En disposant dans l'article 180, alinéa 1 du Code civil que s'il y a erreur dans la personne ou sur les qualités essentielles de la personne, l'autre époux peut demander la nullité du mariage, la loi a donc consacré la position des juges du fond. Outre la traditionnelle erreur dans la personne, l'erreur sur les qualités essentielles de la personne pouvait désormais fonder une action en nullité relative du mariage. Restait cependant à définir la délicate notion de qualité essentielle...

10 CA Douai, 17 novembre 2008

Extraits *« Pour obtenir enfin l'annulation du mariage au visa de l'article 180 alinéa 2 du Code civil, M. X. conclut explicitement que : « La qualité érigée au rang d'essentielle par M. X. n'est pas la présence de la virginité mais l'aptitude de l'épouse à dire la vérité sur son passé sentimental et sur sa virginité ». Il indique également que : « Il n'a jamais « posé comme condition » la virginité de son épouse ; il ne s'agissait chez lui que d'une espérance et non d'une exigence ». Ainsi la virginité de l'épouse n'est-elle pas invoquée comme une qualité essentielle recherchée par M. X. lors du mariage et elle n'a pas été une condition qu'il aurait posée à l'union. Le moyen d'annulation invoqué par M. X. tient à ce que Mme Y. lui aurait, dans la période précédant le mariage menti sur sa vie sentimentale antérieure et sur sa virginité et que ce mensonge aurait provoqué chez lui une erreur sur la confiance qu'il pouvait avoir en sa future épouse et sur la sincérité de celle-ci. [...] Les éléments apportés aux débats par M. X. sont insuffisants à prouver le mensonge prétendu, alors que : l'attestation rédigée par le père de M. X. ne relate aucun fait propre à éclairer le débat, les deux attestations rédigées par des proches de Monsieur X. (son frère, son témoin de mariage), qui ne relatent aucun fait que les témoins auraient constaté personnellement et directement pendant la période ayant précédé le mariage, ne font état que de propos que les époux auraient tenus ou de confidences qu'ils auraient faites après le mariage : ces attestations sont trop indirectes pour avoir valeur probante. Ainsi M. X. ne fait-il pas la preuve qui lui incombe du mensonge prétendu. Il sera ajouté qu'en toute hypothèse le mensonge qui ne porte pas sur une qualité essentielle n'est pas un fondement valide pour l'annulation d'un mariage. Tel est particulièrement le cas quand le mensonge prétendu aurait porté sur la vie sentimentale passée de la future épouse et sur sa virginité, qui n'est pas une qualité essentielle en ce que son absence n'a pas d'incidence sur la vie matrimoniale. Ainsi la prétendue atteinte à la « confiance réciproque » est-elle sans portée quant à la validité de l'union (...).*

■ *Faits*

Un mari de confession musulmane découvre durant la nuit de noces que son épouse n'est pas vierge alors qu'elle s'était présentée comme célibataire et chaste. Il demande donc la nullité du mariage estimant avoir été trompé sur les qualités essentielles de sa conjointe. En première instance, il obtient l'annulation du mariage ; le TGI relevant d'ailleurs que l'épouse avait reconnu son mensonge et avait acquiescé à la demande en nullité. Un appel de la décision est alors aussitôt formé par le Ministère public.

■ *Portée*

À la différence de la décision des premiers juges (qui avait engendré une véritable tempête médiatique scandalisant à la fois l'opinion politique et publique mais aussi suscité de vives critiques doctrinales), l'arrêt rapporté a été rendu dans la plus grande indifférence, ce qui ne saurait pour autant réduire sa portée.

Pour infirmer le jugement de première instance, la Cour d'appel a ainsi utilisé un syllogisme juridique implacable. En effet, après avoir rappelé que le mensonge ou le dol n'est pas en soi une cause de nullité du mariage, sauf à porter sur une qualité essentielle, les magistrats du second degré ont considéré qu'en l'espèce la virginité ne saurait constituer une qualité essentielle dans la mesure où son absence n'a pas d'incidence sur la vie sentimentale.

Par cette décision, la cour d'appel est venue en réalité préciser comment doit être appréciée une qualité essentielle en matière matrimoniale. En définitive, une double appréciation est en fait nécessaire en parfaite adéquation avec la nature hybride du mariage. La qualité doit présenter d'une part un caractère essentiel aux yeux du futur époux dans l'erreur (appréciation subjective). D'autre part, elle doit être objectivement essentielle, c'est-à-dire qu'il doit s'agir d'une qualité sociologiquement importante que l'on s'attend communément à trouver chez un conjoint et déterminante du consentement (appréciation objective). Tel est le cas de la santé physique ou mentale du conjoint, de son honorabilité, par exemple. Or, il est sans conteste qu'aujourd'hui sociologiquement, dans une société laïque, la virginité n'est plus une qualité essentielle à l'instar de la fortune, la profession ou encore la nationalité.

En définitive, en rappelant ainsi la double appréciation, tant subjective qu'objective, d'une qualité essentielle, la cour d'appel a semble-t-il marqué un frein à l'actuelle tendance à la contractualisation du mariage dont les premiers juges s'étaient fait l'écho. L'appréciation des qualités essentielles relève du contrôle de l'ordre public. Le mariage n'est donc pas ce que les époux veulent et font, le mariage est avant tout une institution. Le message a le mérite d'être clair.

Pour aller plus loin

- **TGI Dinan, 4 avril 2006** : nullité du mariage pour ignorance par le mari de la séropositivité de sa femme.
- **TGI Vesoul, 28 novembre 1989** : nullité du mariage pour ignorance d'une curatelle.
- **Civ. 1re, 13 décembre 2005** : refus de prononcer la nullité du mariage pour une liaison antérieure au mariage du mari dont il n'est pas établi qu'elle dure encore au moment du mariage.

11 Ass. plén., 19 mai 1978

Attendu que selon les énonciations de l'arrêt attaqué (Lyon, 7 oct. 1976) dame R. institutrice au « Cours S. M. » établissement privé d'enseignement catholique lié à l'État par un « contrat simple. », a été le 3 septembre 1970, licenciée de ses fonctions en raison de son remariage après divorce ; qu'elle a obtenu une indemnité pour brusque renvoi mais, a été déboutée de sa demande en réparation du dommage résultant du caractère abusif de son licenciement ;
Attendu qu'il est fait grief à la cour d appel, statuant sur renvoi après cassation d'en avoir ainsi décidé, alors que, selon le pourvoi, d'une part, est fautif le licenciement motivé par l'exercice, dans le cadre de la vie privée du salarié, d'une des libertés fondamentales garanties par la Constitution, comme la liberté du mariage et la liberté religieuse, alors que, d'autre part, le caractère confessionnel d'un établissement ne constitue pas un motif impérieux suffisant pour justifier une atteinte à la liberté du mariage et encore moins à la liberté religieuse, alors, enfin, que l'établissement, ayant passé un contrat avec l'État, devait dispenser à ses élèves un enseignement non confessionnel placé sous le contrôle de l'État ; que l'employeur ne pouvait donc se fonder sur un motif relevant d'une doctrine religieuse pour licencier un professeur agréé rémunéré et surveillé par l'Éducation nationale, chargé de dispenser cet enseignement, et, donc, non tenu de respecter dans sa vie privée la morale catholique et encore moins de l'inculquer à ses élèves ; que le maintien du caractère propre de l'établissement ne justifie pas l'atteinte portée à la liberté du mariage du salarié ;
Mais attendu, en premier lieu, qu'il ne peut être porté atteinte sans abus à la liberté du mariage par un employeur que dans des cas très exceptionnels où les nécessités des fonctions l'exigent impérieusement ; que, dans des motifs non critiqués par le moyen et qui, quel qu'en soit le mérite, suffisent à justifier leur décision, les juges du fond ont retenu que lors de la conclusion du contrat par lequel l'Assoc. S. M. s'était liée à dame R., les convictions religieuses de cette dernière avaient été prises en considération et que cet élément de l'accord des volontés, qui reste habituellement en dehors des rapports de travail, avait été incorporé volontairement dans le contrat dont il était devenu partie essentielle et déterminante ; qu'ils ont ainsi relevé l'existence de circonstances très exceptionnelles opposables à dame R., à laquelle il incombait, selon la législation alors en vigueur, d'établir la faute commise par son employeur dans l'exercice de son droit de rompre un contrat à durée indéterminée ; que les juges du fond, ayant rappelé que le Cours S. M., attaché au principe de l'indissolubilité du mariage, avait agi en vue de sauvegarder la bonne marche de son entreprise, en lui conservant son caractère propre et sa réputation, ont pu décider que cette institution n'avait commis aucune faute ;
Attendu, en second lieu, que l'arrêt attaqué énonce exactement que le fait, par un établissement d'enseignement privé, d'avoir conclu avec l'État le « contrat simple » prévu par la loi du

31 décembre 1959 n'avait pas eu pour effet de le priver de son caractère propre ; d'où il suit que le moyen ne peut être accueilli ;
Par ces motifs, REJETTE ».

■ *Faits*

Un établissement d'enseignement catholique, lié à l'État par un contrat d'association, a engagé une institutrice. Par la suite, elle s'est mariée puis a divorcé pour finalement se remarier quelques années après. La directrice de l'établissement lui a fait savoir que ce nouvel état était incompatible avec ses fonctions. L'institutrice, ayant refusé de démissionner, est licenciée. Elle réclame alors une indemnité pour rupture abusive du contrat de travail.

N'ayant pas obtenu satisfaction devant les juges du fond, elle forme un premier pourvoi en cassation. La Cour de cassation fait droit à sa demande.

Statuant comme cour de renvoi, la cour d'appel de Lyon ne s'incline pas suscitant alors la saisine de l'Assemblée plénière.

■ *Portée*

La liberté matrimoniale constitue une liberté fondamentale qui doit être sauvegardée contre d'éventuelles atteintes d'origine conventionnelle. En effet, il peut arriver que certaines personnes privées veuillent porter atteinte à la liberté de se marier d'une autre par l'insertion d'une clause de célibat ou de non-mariage dans un acte juridique.

Par définition, ces clauses subordonnent les droits d'une personne à la condition qu'elle ne se marie pas. Ce type de disposition conventionnelle ne constitue donc pas un obstacle total au mariage qui demeure certes toujours valable mais elles exercent en fait une pression sur l'individu en le contraignant à choisir entre le mariage et les avantages qu'il peut retirer de l'acte juridique.

Interrogée sur leur validité, la jurisprudence a en fait adopté une position très nuancée dont l'arrêt reproduit en est une parfaite illustration.

En l'espèce, et à l'issue d'un long procès, l'Assemblée plénière a rejeté le second pourvoi formé par l'institutrice licenciée. Rappelant « qu'il ne peut être porté atteinte sans abus à la liberté du mariage par un employeur que dans des cas très exceptionnels où les nécessités des fonctions l'exigent impérieusement », la Cour a considéré que les convictions religieuses de l'institutrice ayant été prises en considération lors de la conclusion de son contrat de travail avec une institution religieuse attachée à l'indissolubilité du mariage, cette institution ne commettait donc aucune faute en rompant le contrat de travail de cette salariée pour remariage après divorce.

En d'autres termes, il existait bien en l'espèce, les convictions religieuses de la salariée étant entrées dans le champ contractuel, des circonstances très exceptionnelles (enseignement dans un établissement catholique) justifiant l'atteinte à la liberté du mariage.

Par cette décision très célèbre, la Haute juridiction a donc réaffirmé le sort qui devait être réservé aux clauses de célibat insérées dans un contrat de travail et plus généralement dans un acte à titre onéreux.

En effet, auparavant, la jurisprudence avait déjà eu l'occasion de se prononcer sur de telles limitations conventionnelles. C'est ainsi qu'à propos d'une clause de célibat concernant les hôtesses d'Air France, la cour d'appel de Paris avait déjà affirmé « que le droit au mariage est un droit individuel d'ordre public qui ne peut se limiter, ni s'aliéner, que dans le domaine des rapports contractuels de droit privé à titre onéreux, la liberté du mariage doit en principe être sauvegardée et qu'à moins de raisons impérieuses évidentes, une clause de non convol doit être déclarée nulle comme attentatoire au droit fondamental de la personnalité.

En définitive, en présence d'un acte à titre onéreux, le principe de la liberté nuptiale est donc consolidé par les magistrats sous réserve d'exceptionnelle dérogation.

Il en va différemment lorsque la clause de célibat est insérée dans un acte à titre gratuit, c'est-à-dire dans un acte dans lequel l'une des parties procure à l'autre un avantage purement gratuit (art. 1105, C. civ.). Il s'agit le plus souvent de clause de non convol insérée dans une donation ou un testament privant ainsi le conjoint du bénéficiaire de la gratification s'il venait à se remarier.

Dans une telle hypothèse, selon la jurisprudence, la validité de la clause va dépendre en fait du mobile qui a inspiré son auteur. Ainsi la stipulation conventionnelle sera annulée si elle repose sur des motifs illégitimes ou dictée par l'intention de nuire. Tel est le cas par exemple si le défunt, dicté par un sentiment de jalousie posthume, impose à son conjoint de ne pas se remarier pour bénéficier d'une libéralité.

À l'inverse, la clause sera validée lorsqu'elle est inspirée par un motif légitime comme le désir d'assurer l'avenir des enfants issus du mariage ou de maintenir des biens dans la famille, soit encore par le souci de protéger le conjoint contre son grand âge, son état de santé, sa légèreté ou sa faiblesse.

Aussi empreinte de nuances soit-elle, la jurisprudence sur les clauses de célibat démontre parfaitement la place accordée en droit positif à la liberté nuptiale.

Sa protection reste toujours d'actualité et encore plus aujourd'hui où toute pression est loin d'avoir disparue comme en atteste la pratique des mariages forcés...

Pour aller plus loin

- **Civ., 22 décembre 1896** : validité de la clause insérée dans une libéralité motivée par le souci de protéger le conjoint.
- **Soc., 7 février 1968** : refus de valider la clause de célibat insérée dans un contrat conclu entre une fédération de la Mutualité agricole et une assistante sociale faute de « nécessités impérieuses tirées de la nature des fonctions ou de leurs conditions d'exercice ».
- **Cons. const., 13 août 1993** : reconnaissance de la valeur constitutionnelle de la liberté du mariage.

12 Civ., 5 novembre 1913

« La Cour : Attendu qu'aux termes de l'article 202 du Code civil, le mariage qui a été déclaré nul produit néanmoins des effets civils en faveur de l'époux qui l'a contracté de bonne foi ; Attendu, d'autre part, que la bonne foi est toujours présumée et qu'il incombe à celui qui allègue la mauvaise foi de la prouver ; Attendu que des constatations de l'arrêt attaqué il résulte qu'à une action en compte, liquidation et partage de communauté et de succession formée par la dame Aimée Lemoine, se disant veuve Picot, contre la dame Georgina Picot, cette dernière a opposé le défaut de qualité de la demanderesse ; Qu'elle a soutenu que le mariage contracté le 14 octobre 1903 à Dinard, par Aimée Lemoine avec Frédéric Picot était nul, par application de l'article 147 du Code civil, parce que, à cette date, Frédéric Picot était, depuis le 12 novembre 1885, engagé dans les liens d'un précédent mariage avec Mary Amy Valpy, veuve Nelson de Quetterville, laquelle n'est décédée que le 17 février 1905, sans avoir divorcé Qu'Aimée Lemoine n'a pas contesté la nullité invoquée, mais qu'elle a réclamé le bénéfice des articles 201 et 202 du Code civil en prétendant que son mariage avait été contracté de bonne foi ; Attendu que l'arrêt attaqué décide que la dite dame, arguant de sa bonne foi pour faire produire effet à un acte qui, radicalement nul, n'en pouvait produire aucun, était tenue d'établir la circonstance alléguée par elle, et qu'elle se bornait à une affirmation insuffisante et inopérante ; Attendu qu'en mettant à la charge de dame Lemoine une preuve qui ne lui incombait pas, l'arrêt a violé par refus d'application le texte ci-dessus visé ;
Par ces motifs, CASSE... ».

■ *Faits*

À la suite du décès de M. Picot, une action en liquidation et partage de la succession est intentée par Mme Aimée Lemoine en sa qualité de veuve Picot contre Mme Georgina Picot. Devant les premiers juges, cette dernière lui oppose alors son défaut de qualité au motif que son mariage avec le défunt est entaché de nullité pour bigamie. Mme Aimée Lemoine ne conteste pas la nullité invoquée. Cependant, elle demande à bénéficier du mariage putatif et de ses effets, arguant de sa bonne foi lors de la conclusion du mariage. Les juges de première instance ont fait droit à sa demande considérant que la preuve de la mauvaise foi de la veuve n'était pas rapportée.

La cour d'appel a infirmé sur ce point le jugement pour renversement de la charge de la preuve. Il incombait en fait à l'épouse de prouver sa bonne foi lors de la célébration du mariage. Un pourvoi en cassation est alors formé.

■ *Portée*

La bonne foi est-elle présumée en matière de mariage putatif ? Telle était la question posée à la Chambre civile de la Cour de cassation dans l'espèce rapportée.

À l'instar de la Chambre criminelle, elle a répondu par l'affirmative. En effet, elle a cassé la décision des juges du fond considérant dans son visa « que la bonne foi est toujours présumée et qu'il incombe à celui qui allègue la mauvaise foi de la prouver ». La Haute juridiction a ainsi fait une application péremptoire de la règle classique contenue à l'article 2228 du Code civil, relatif à la prescription acquisitive des immeubles, au mariage putatif. Il appartient donc à celui qui conteste la bonne foi des époux ou de l'un d'eux de prouver qu'il connaissait les empêchements à mariage.

Une telle solution peut parfaitement se justifier par l'idée qu'il apparaît légitime de présumer que les époux ou tout au moins l'un d'eux a cru à la régularité de leur mariage. En outre, démontrer la bonne foi constitue de façon générale une preuve négative le plus souvent difficile à rapporter. Enfin, admettre une telle preuve risquait sans aucun doute de priver l'institution du mariage putatif de toute efficacité. En effet, la putativité a été conçue comme un tempérament aux effets énergiques de la nullité et spécialement à sa rétroactivité.

Le libéralisme affiché par la Cour de cassation dans cet arrêt de 1913 a d'ailleurs été confirmé par la suite à de nombreuses reprises. Il s'est également manifesté dans l'appréciation de la notion même de bonne foi. Celle-ci est entendue très largement par les magistrats. La nature de l'erreur invoquée importe peu, erreur de fait ou de droit écartant en la matière l'adage classique selon lequel *« nul n'est censé ignorer la loi »*. De la même manière, peu importe la gravité de l'irrégularité affectant la validité du mariage (nullité relative ou absolue). Le mariage putatif prévu par le Code civil est donc bien plus libéral que de son ancêtre canonique...

Pour aller plus loin

- **Civ. 1re, 15 janvier 1980** : la bonne foi prévue à l'article 201 est toujours présumée.
- **Civ., 30 juillet 1900** : reconnaissance de l'erreur de droit en matière de mariage putatif.
- **Lyon, 13 novembre 1924** : exigence d'une célébration du mariage pour invoquer la putativité.
- **Civ., 14 juin 1957** : indifférence de la cause de nullité du mariage.
- **Civ. 1re, 28 mai 1991** : le caractère putatif d'un mariage peut être prononcé, soit par le jugement même qui annule le mariage, soit par un jugement ultérieur.

13 Civ. 2e, 10 mars 2004

Attendu que le domicile conjugal des époux X. a été attribué en jouissance à Mme X. par arrêt du 20 octobre 1995 dans le cadre de la procédure de divorce en cours ; que cet immeuble avait été assuré auprès du Groupe des populaires d'assurances au titre d'une garantie multirisques, le 20 juillet 1982, par M. X. qui a résilié ce contrat le 29 novembre 1996 pour le remplacer par un contrat Grand toit, souscrit en sa qualité de propriétaire non occupant ; que l'immeuble ayant été en partie détruit par un incendie, le 2 février 1997, Mme X. qui avait accepté sous réserve le montant des indemnités versées par l'assureur a assigné ce dernier afin de le voir condamner à lui verser une somme de 1 108 125 francs à titre de dommages-intérêts en soutenant que la police d'assurance avait été résiliée à la seule demande de M. X. qui n'ayant plus la jouissance du domicile familial ne disposait plus du droit d'agir ainsi ; Attendu que pour rejeter cette demande, la cour d'appel énonce que le contrat d'assurance portant sur le logement familial était un contrat que chacun des époux pouvait passer seul en application de l'article 220 du Code civil et que sa résiliation par un seul des époux était opposable à l'autre ; Qu'en statuant ainsi alors que l'époux ne pouvait pas résilier sans le consentement de son conjoint le contrat d'assurance garantissant le logement familial, la cour d'appel a violé les textes susvisés ; CASSE ET ANNULE, dans toutes ses dispositions, l'arrêt rendu le 29 août 2002, entre les parties, par la cour d'appel de Douai.

■ *Faits*

Deux époux sont engagés dans une procédure de divorce. Dans le cadre de celle-ci, l'épouse se voit attribuer judiciairement la jouissance du logement familial. Par la suite, le mari, en sa qualité de propriétaire, résilie le contrat d'assurance-multirisques couvrant l'immeuble pour le remplacer par un « contrat grand toit ». À peine deux mois plus tard, l'immeuble est partiellement détruit par un incendie. L'épouse, qui a accepté sous réserve l'indemnité versée par la compagnie d'assurance, décide d'assigner cette dernière en dommages et intérêts invoquant l'inopposabilité de la résiliation. Elle considère en effet que son mari n'avait pas le pouvoir de résilier la police d'assurance d'un immeuble dont il n'avait plus la jouissance. Les juges du fond rejettent sa demande Elle forme alors un pourvoi en cassation.

■ *Portée*

La réponse de la Cour de cassation ne se fait pas attendre en l'espèce. La Haute juridiction casse, pour violation des articles 220 et 215 du Code civil, la décision des premiers juges qui avaient considéré que le contrat d'assurance portant sur le logement familial est un contrat que chacun des époux peut passer seul en application de l'article 220 du Code civil et que sa résiliation par un seul des époux était opposable à l'autre. La deuxième Chambre civile énonce sans ambages que *l'époux ne pouvait pas résilier sans le consentement de son conjoint le contrat d'assurance garantissant le logement de la famille.*

Par cet arrêt, la Cour vient donc préciser le domaine d'application de la cogestion relative au logement de la famille instituée par l'article 215, alinéa 3 du Code civil. En effet, conformément à ce texte, « les époux ne peuvent l'un sans l'autre disposer des droits par lesquels est assuré le logement de la famille, ni des meubles meublants dont il est garni. Celui des deux qui n'a pas donné son consentement à l'acte peut en demander l'annulation ».

En intégrant ainsi parmi la liste des actes soumis à cogestion la résiliation du contrat d'assurance sur le logement familial, la Cour a opéré une extension innovante mais aussi très audacieuse.

Jusqu'alors, la disposition légale ne visait en effet que les actes de disposition portant sur les droits réels ou personnels conférant la jouissance du logement aux époux tel que la propriété, l'usufruit ou encore le maintien dans les lieux. Or, pour la 1re fois, est visé un acte, ne portant pas directement sur la jouissance du bien, en l'occurrence la résiliation du contrat d'assurance garantissant le logement. Une telle extension a d'ailleurs pu susciter des interrogations en doctrine. Pour autant, elle a été reprise par la 1re Chambre civile dans un arrêt du 14 novembre 2006.

En tout état de cause, la solution adoptée par la Haute juridiction est ainsi venue renforcer la protection du logement familial. Souvent seul bien du ménage, ce bien devient immanquablement un enjeu, particulièrement pendant une instance en divorce.

Pour aller plus loin

- **Aix-en-Provence, 22 février 1982** : application des dispositions de l'article 215, al. 3 tant que la séparation de corps ou le divorce ne sont pas prononcés.
- **Civ. 1re, 17 décembre 1991** : violation de l'article 215, al. 3 par la cour d'appel qui a refusé d'annuler la constitution d'une hypothèque consentie par le mari seul sur un immeuble lui appartenant mais constituant le logement de la famille.
- **Civ. 1re, 16 juin 1992** : violation de l'article 215, al. 3 du Code civil en cas de vente avec réserve d'usufruit au seul époux propriétaire vendeur.
- **Civ. 1re, 16 mai 2000** : nullité du bail consenti par le mari sur le logement de la famille nonobstant le fait que l'épouse avait quitté la résidence familiale et introduit une requête en divorce.

14 Civ. 1re, 3 mars 2010

Extraits : *Qu'à titre de garantie, M. R. a consenti une hypothèque conventionnelle sur un immeuble constituant le logement de la famille ; l'UCB a délivré un commandement de saisie immobilière ; que le 14 septembre 1998, Mme M. divorcée R. a assigné l'UCB en nullité de l'acte d'affectation hypothécaire, sur le fondement de l'article 215 du Code civil, en faisant valoir que l'immeuble concerné constituant le logement de la famille, l'hypothèque ne pouvait être donnée sans son consentement ; Sur le premier moyen : Attendu que Mme M. fait grief à l'arrêt attaqué (CA Dijon, 31 janv. 2008) d'avoir déclaré sa demande irrecevable, alors, selon le moyen que l'article 215, alinéa 3, du Code* civil *ouvre une action en nullité au profit de l'époux qui n'a pas donné son consentement à l'acte concernant l'immeuble qui abritait le logement familial à la date à laquelle il a été conclu. Dans la mesure où une action, qui peut être considérée comme attitrée, a été réservée au conjoint qui n'a pas donné son consentement, la seule circonstance qu'un acte ait été passé, sans que son consentement soit requis et obtenu, suffit à l'autoriser à agir en nullité, sans qu'aucune autre condition soit exigée ; qu'en déniant l'intérêt à agir de Mme M. au motif qu'à la date de l'introduction de la demande elle n'habitait plus l'immeuble, les juges du fond ont violé les articles 30 et 31 du Code de procédure* civile *ensemble l'article 215 du Code civil ; Mais attendu que si l'article 215 du Code civil désigne l'époux dont le consentement n'a pas été donné comme ayant seule qualité pour exercer l'action en nullité de l'acte de disposition, par son conjoint, des droits par lesquels est assuré le logement de la famille, cet époux doit justifier d'un intérêt actuel à demander l'annulation de l'acte ; qu'ayant relevé qu'à la date de son assignation du 14 septembre 1998, Mme M. ne résidait plus dans l'immeuble litigieux qu'elle avait quitté depuis le 21 juin 1997, au cours de l'instance en divorce, la cour d'appel a souverainement estimé que celle-ci n'avait plus d'intérêt à agir en nullité de l'acte d'affectation hypothécaire et a déclaré à bon droit sa demande irrecevable ; Par ces motifs : déclare irrecevable le pourvoi (...)*

■ *Faits*

Pour garantir le remboursement d'un prêt immobilier, un époux séparé de biens avait consenti une hypothèque conventionnelle sur l'immeuble servant de logement familial. Face aux impayés de son client, la banque a délivré un commandement de saisie immobilière. L'épouse du débiteur, depuis divorcée, assigna alors la banque en nullité de l'acte d'affectation hypothécaire sur le fondement de l'article 215 alinéa 3 du Code civil. Sa demande fut déclarée irrecevable par les juges du fond qui lui ont dénié tout intérêt à agir au motif qu'elle n'habitait plus l'immeuble à la date de l'introduction de l'instance.

Dans son pourvoi, l'épouse soutenait que l'article 215 alinéa 3 ouvre une action en nullité au profit de l'époux qui n'a pas donné son consentement à l'acte de disposition concernant l'immeuble « qui servait de logement à la famille à la date à laquelle il a été conclu » sans subordonner la recevabilité de cette action à son occupation à la date de l'exercice de l'action.

Mais cette argumentation n'a pas convaincu la Haute juridiction qui approuve les juges du fond d'avoir déclaré la demande en nullité de l'épouse irrecevable au motif qu'elle n'avait plus d'intérêt à agir parce qu'à la date de son assignation, elle ne résidait plus dans l'immeuble litigieux.

■ *Portée*

L'article 215 alinéa 3 du Code civil prévoit la nullité des actes de disposition du logement familial réalisés par un époux sans le consentement de l'autre : « les époux ne peuvent, l'un sans l'autre, disposer des droits par lesquels est assuré le logement de la famille ni des meubles meublants dont il est garni ». Parmi les actes de disposition prohibés figurent évidemment la vente du logement familial, mais également comme en l'espèce l'affectation hypothécaire de celui-ci. En effet, c'est sur le fondement de l'interdiction énoncée à l'article 215 que l'épouse demandait la nullité d'une affectation hypothécaire consentie par son époux, en instance de divorce, sur le logement qu'ils avaient partagé avant leur séparation.

Le présent arrêt se prononce sur l'étendue temporelle de la protection du logement familial et semble révéler un certain retrait de la protection en cause en se basant sur l'absence d'intérêt à agir du demandeur en nullité. En effet, si l'épouse est déboutée de sa demande en nullité de l'affectation hypothécaire du logement familial par le mari c'est parce qu'elle n'avait plus d'intérêt à agir puisqu'à la date de l'assignation elle avait quitté l'immeuble litigieux.

En l'espèce, la Cour de cassation rappelle que l'action permettant de sanctionner l'obligation, inscrite dans l'article 215 alinéa 3 du Code civil qui subordonne la valeur juridique du consentement de l'époux vendeur d'un bien lui appartenant en propre ou personnellement, mais affecté au logement de la famille, au consentement de son conjoint, est une action attitrée car réservée au seul conjoint qui doit donner son consentement. Mais si seul le conjoint de l'époux disposant a qualité pour agir, la haute juridiction retient en plus dans cet arrêt l'exigence d'un intérêt à agir, intérêt qui faisait défaut en l'espèce. C'est dire que l'action en nullité envisagée à l'article 215 n'est octroyée au conjoint que dans le but de protéger le logement familial. Dès lors que l'immeuble litigieux ne constitue plus le logement de la famille, cette action n'a plus de raison d'être.

15 Civ 2e, 3 mai 1995

Sur le moyen unique; Attendu qu'il est fait grief à l'arrêt attaqué (Paris, 8 mars 1993) qui a prononcé le divorce des époux X. à leurs torts partagés d'avoir accueilli la demande de la femme alors que, selon le moyen, pendant la communauté de résidence familiale les époux exécutent leur devoir mutuel de communauté de vie et les obligations qui y sont liées, notamment le devoir de fidélité; que l'ordonnance de non-conciliation les autorisant à résider séparément met fin à cette communauté de vie et à certaines des obligations qui en découlent même si les époux sont encore juridiquement dans les liens du mariage; qu'en se fondant sur le concubinage de M... établi à partir de 1986 et la naissance d'un enfant pour en déduire que ces faits avaient rendu intolérable le maintien de la vie commune, sans rechercher si cette vie commune l'obligation de fidélité qui y est liée, n'avaient pas cessé depuis 1984, par l'effet de l'ordonnance de non-conciliation ayant autorisé les époux X. à résider séparément, la cour de Paris a privé sa décision de base légale au regard de l'article 242 du Code civil; Mais attendu que l'introduction de la demande en divorce ne confère pas aux époux, encore dans les liens du mariage, une immunité prive de leurs effets normaux les faits dont ils peuvent se rendre coupables l'un envers l'autre après l'ordonnance de non-conciliation; Qu'il en résulte que c'est dans l'exercice de son pouvoir souverain d'appréciation que la cour d'appel a retenu que le concubinage de M. constituait une violation grave et renouvelée des devoirs et obligations du mariage rendant intolérable le maintien de la vie commune; d'où il suit que le moyen n'est pas fondé.

■ *Faits*

Un divorce est prononcé aux torts partagés des époux. Dans son pourvoi, le mari reproche aux juges du fond d'avoir retenu que son concubinage avec une autre femme et la naissance d'un enfant postérieurs à l'ordonnance de non-conciliation autorisant les époux à résider séparément constituait une violation grave et renouvelée des devoirs et obligations du mariage rendant intolérable le maintien de la vie commune au sens de l'article 242 du Code civil.

La Cour de cassation rejette le pourvoi et approuve la décision des juges du fond.

■ *Portée*

L'adultère constitue une violation du devoir réciproque de fidélité entre époux pendant le mariage (art. 212, C. civ.). Cependant, l'adultère n'étant plus une cause péremptoire de divorce, le juge dispose d'un large pourvoir d'appréciation en la matière. Mais qu'en est-il de l'adultère commis alors que les époux vivent déjà séparés de fait depuis longtemps ou de celui commis durant l'instance en divorce ?

L'arrêt du 3 mai 1995 répond à cette question et, reprenant une formule désormais classique, affirme clairement que « l'introduction d'une demande en divorce ne confère pas aux époux, encore dans les liens du mariage, une immunité privant de leurs effets normaux les faits dont ils peuvent se rendre coupables l'un envers l'autre après l'ordonnance de non-conciliation ». En effet, classiquement, la jurisprudence considère que l'adultère, même commis après l'autorisation judiciaire de séparation ou constaté après cette dernière est une cause de divorce. C'est ainsi que la Cour de cassation juge, en l'espèce, que la Cour d'appel de Paris, dans l'exercice de son pouvoir souverain d'appréciation, a justement retenu que le concubinage du mari, postérieur à la délivrance de l'ordonnance de non-conciliation autorisant ce dernier à résider séparément, et la naissance d'un enfant constituent une violation grave et renouvelée des devoirs et obligations du mariage rendant intolérable le maintien de la vie commune.

Mais si l'introduction d'une demande en divorce ne libère pas les époux de leurs obligations conjugales, comme le rappelle le présent arrêt, il apparaît également que la jurisprudence admet un certain relâchement du caractère contraignant des obligations du mariage après une longue séparation. De fait, le devoir de fidélité est apprécié avec de plus en plus de souplesse par les juges. Ces derniers tiennent compte de l'attitude des époux l'un par rapport à l'autre et considèrent de plus en plus que la gravité des faits s'amenuise à mesure que la période de fait s'allonge.

Pour aller plus loin

- **Civ. 1re, 5 mars 2008** : la demande en divorce ne confère pas aux époux encore dans les liens du mariage, une immunité faisant perdre leurs effets normaux aux griefs postérieurs à l'ordonnance de non-conciliation ou à l'assignation.
- **Civ. 2e, 29 avr. 1994** : un adultère constaté plus de deux ans après l'ordonnance de résidence séparée ne justifie pas le prononcé du divorce pour faute, le devoir de fidélité étant nécessairement moins contraignant du fait de la longueur de la procédure.
- **Civ. 2e, 22 mars 1995** : la liaison d'une femme, établie depuis plusieurs années après l'adultère du mari n'était pas à l'origine de la rupture du couple et l'importance du délai qui s'était écoulé depuis la séparation enlevait au fait reproché le caractère de gravité qui en aurait fait une cause de divorce.
- **TGI Lille, 3e ch., 26 nov. 1999** : Homologation d'une convention temporaire dispensant les époux du devoir de fidélité dans le cadre d'un divorce sur requête conjointe.

16 Crim., 11 juin 2002

« LA COUR : Statuant sur le pourvoi formé par le Procureur général près la Cour de cassation sur ordre du ministre de la Justice, contre l'arrêt de la chambre d'accusation de la Cour d'appel de Rennes, en date du 7 mars 1991, qui a confirmé l'ordonnance de refus d'informer du juge d'instruction ; [...]
Attendu qu'aux termes de ce texte tout acte de pénétration sexuelle, de quelque nature qu'il soit, commis sur la personne d'autrui par violence, contrainte ou surprise constitue un viol ; qu'il n'exclut pas de ses prévisions les actes de pénétration sexuelle entre conjoints lorsqu'ils sont imposés dans les conditions qu'il définit ; Attendu qu'il appert de l'arrêt attaqué et des pièces de la procédure que le 20 févr. 1991 une information a été ouverte du chef de viol contre Patrick X., à la suite de la plainte que son épouse Marie-Paule Y. avait déposé contre lui la veille en exposant qu'à deux reprises, les 11 et 19 févr. 1991, son mari lui avait imposé un rapport sexuel en usant de la force pour la soumettre ; que le magistrat instructeur a rendu une ordonnance de refus d'informer aux motifs que les époux X. vivant tous deux au domicile commun sans qu'aucune procédure judiciaire de séparation ait été engagée par l'un d'eux, les actes sexuels accomplis contre le gré de l'épouse, qui n'aurait fait état d'aucune violence caractérisée autre que la pénétration sexuelle, « entraient dans le cadre du mariage tel qu'il est traditionnellement admis », de sorte que les éléments constitutifs du crime de viol n'étaient pas réunis et que les faits, tels que dénoncés, ne pouvaient recevoir aucune autre qualification pénale ;
Attendu que, sur appel de cette ordonnance par le Ministère public, la Chambre d'accusation énonce « qu'à juste titre, le juge d'instruction a estimé que le mariage a pour effet de légitimer les rapports sexuels et que l'épouse ne peut invoquer son absence de consentement ou l'agressivité qui a accompagné des actes sexuels normaux pour soutenir avoir été victime de viols » ;
Mais attendu qu'en confirmant par ces motifs l'ordonnance de refus d'informer du juge d'instruction, alors que la présomption de consentement des époux aux actes sexuels accomplis dans l'intimité de la vie conjugale ne vaut que jusqu'à preuve contraire, la Chambre d'accusation a méconnu le sens et la portée de l'art. 332, C. pén., d'où il suit que la cassation est encourue ; Par ces motifs, CASSE ET ANNULE, mais seulement dans l'intérêt de la loi ».

■ *Faits*

Une femme avait porté plainte contre son mari pour viol, celui-ci lui ayant imposé à deux reprises un rapport sexuel en usant de la force pour la soumettre. Le juge d'instruction saisi rendait alors une ordonnance de refus d'informer. La Chambre d'accusation confirmait cette ordonnance en énonçant « qu'à juste titre, le juge d'instruction a estimé que le mariage a pour effet de légitimer les rapports sexuels et que l'épouse ne peut invoquer son absence de consentement ou l'agressivité qui a accompagné des actes sexuels normaux pour soutenir avoir été victimes de viols ».

Sur pourvoi du Procureur général près la Cour de cassation, la Chambre criminelle censure cette décision au motif que la présomption de consentement des époux aux actes sexuels accomplis dans l'intimité de la vie conjugale ne vaut que jusqu'à preuve contraire.

■ *Portée*

Par cet arrêt du 11 juin 1992, la Cour de cassation opère un revirement de jurisprudence concernant la question épineuse du viol entre époux. En effet, alors qu'il était traditionnellement jugé que le mari ne pouvait se rendre coupable de viol en employant la force pour contraindre sa femme à des relations sexuelles, la jurisprudence avait par la suite évolué admettant la possibilité d'un tel viol entre époux mais seulement lorsque des circonstances particulières pouvaient être relevées telles une séparation antérieure des époux ou la perpétration d'actes de torture ou de barbarie accompagnant le viol. Ainsi, dans la jurisprudence classique, hormis ces hypothèses, le mariage valait fait justificatif de la permission de la loi.

Avec le présent arrêt, la Chambre criminelle rompt avec la jurisprudence antérieure en affirmant que la présomption de consentement des époux aux actes sexuels accomplis dans l'intimité de la vie conjugale n'est qu'une présomption simple, susceptible d'être renversée par la preuve contraire.

La loi du 4 avril 2006 est venue modifier l'alinéa 2 de l'article 222-22 du Code pénal. Il résulte désormais de ce texte que « *le viol et les autres agressions sexuelles sont constitués lorsqu'ils ont été imposés à la victime..., quelle que soit la nature des relations existant entre l'agresseur et sa victime, y compris s'ils sont unis par les liens du mariage* ». Cette loi est même venue ajouter une circonstance aggravante nouvelle : désormais, le viol sur époux, concubin ou pacsé est une circonstance aggravante qui accroît la répression (art. 222-24, 11, C. pén.).

Pour aller plus loin

- **Crim., 5 sept. 1990** : l'article 332 du Code pénal... n'exclut pas de ses prévisions les actes de pénétration sexuelle entre personnes unies par les liens du mariage, lorsqu'ils sont imposés dans les circonstances prévues par ce texte.

17 Civ. 1re, 11 janvier 1984

Extraits « Attendu qu'aux termes d'un acte sous seing privé du 1er juillet 1975, les époux Y., Mme Jacqueline X. ont reconnu avoir reçu de M. J. X. la somme de 200 000 francs à titre de prêt ; Qu'en 1980, M. X. a assigné son gendre et sa fille en remboursement de cette somme ; Que le tribunal de grande instance ayant condamné solidairement les époux Y., M. Henry Y. a interjeté appel de cette décision en ce qu'elle avait retenu la solidarité ; Que la cour d'appel a confirmé le jugement au motif "que le prêt a été contracté par les deux époux en vue de la construction d'une résidence secondaire pour le ménage et donc pour les besoins de celui-ci et que, par suite, il s'agissait d'une dette commune engageant l'ensemble de leurs biens et dont ils sont tenus solidairement" (...) ; Mais sur la troisième et la quatrième branche du moyen : vu l'article 220 du Code civil ; Attendu, d'abord, que les opérations d'investissement d'un ménage, et notamment celles qui ont pour objet de lui permettre de se constituer un patrimoine immobilier, n'entrent pas dans la catégorie des actes ménagers d'entretien ou d'éducation auxquels l'article 220 du Code civil attache la solidarité de plein droit ; Attendu, ensuite, que la solidarité de plein droit de l'article 220 du Code civil exige que le contrat ait pour objet l'entretien du ménage ou l'éducation des enfants et qu'il ne suffit pas que la dette ait été contractée pour les besoins du ménage ; d'où il suit que la cour d'appel a doublement violé le texte susvisé ; Par ces motifs : CASSE ET ANNULE l'arrêt rendu par la cour d'appel de Paris ».

■ *Faits*

Un couple marié a emprunté par acte sous seing privé une somme de 200 000 francs au père de l'épouse en vue de la construction d'une résidence secondaire. Quelques années plus tard, le prêteur assigne son gendre et sa fille en remboursement de cette somme. Les juges du fond les condamnent solidairement au remboursement sur le fondement de l'article 220 du Code civil. L'époux forme un pourvoi en cassation.

■ *Portée*

Par l'arrêt rapporté, la Cour de cassation a précisé le domaine d'application de la solidarité ménagère instituée à l'article 220 du Code civil. Aux termes de ce texte, « *Chacun des époux a le pouvoir de passer seul les contrats qui ont pour objet l'entretien et l'éducation des enfants : toute dette ainsi contractée par l'un oblige l'autre solidairement* ». La question se posait donc en l'espèce de savoir si le prêt contracté par les deux époux pour la construction d'une résidence secondaire relevait ou non de la solidarité ménagère.

Les juges du fond avaient retenu la première solution estimant qu'il s'agissait d'une dette contractée pour les besoins du ménage. Ils sont censurés par la Cour de cassation pour avoir violé « doublement » l'article 220 du Code civil.

En effet, la Cour a tout d'abord considéré que « les opérations d'investissement d'un ménage et notamment celles qui ont pour objet de lui permettre de se constituer un patrimoine immobilier n'entrent pas dans la catégorie des actes ménagers d'entretien ou d'éducation auxquels l'article 220 du Code civil attache la solidarité de plein droit ». Ensuite, elle a rappelé aux juges du fond que la solidarité de plein droit de l'article 220 exige que le contrat ait pour objet l'entretien du ménage ou l'éducation des enfants, qu'il ne suffit pas que la dette ait été contractée pour les besoins du ménage. Faute d'avoir respecté les exigences légales, la cassation était inévitable. Par cette décision, la Haute juridiction fait une exacte et stricte application du texte du régime primaire. Seules les dépenses ayant pour objet l'entretien du ménage ou l'éducation des enfants engagent solidairement les deux époux. Les opérations d'investissement visant à la constitution d'un patrimoine immobilier ne sauraient donc entrer dans cette catégorie. L'enseignement de la Cour de cassation est clair : le domaine d'application de la solidarité ménagère doit être entendu strictement sous peine de lui conférer un effet pervers non voulu par le législateur : la mise en péril des intérêts de la famille. Faut-il le rappeler la solidarité est d'ailleurs expressément exclue pour les actes considérés comme dangereux pour le ménage, c'est-à-dire les dépenses manifestement excessives, les achats à tempéraments et les emprunts sauf si ces derniers ne portent que sur des sommes modestes nécessaires aux besoins de la vie courante.

Pour aller plus loin

- **Civ. 2e, 10 juillet 1996** : obligent solidairement les deux époux les dettes résultant des factures de soins et d'hospitalisation de l'un des enfants.
- **Civ. 1re, 9 octobre 1990** : les loyers dus en matière de location-attribution ont un caractère ménager et obligent solidairement les époux.
- **Civ. 1re, 17 juin 2003** : l'article 220 se borne à énoncer une règle d'obligation solidaire des époux aux dettes ménagères et non de contribution entre eux.
- **Civ. 1re, 14 octobre 2009** : les époux en instance de divorce restent solidairement tenus des dettes ménagères.

18 Civ. 1re, 8 juillet 2009

Sur le moyen unique : • Attendu que M. et Mme X se sont mariés sans contrat le 10 juin 1967 ; qu'à compter de juillet 1997, le mari a fait verser les arrérages de sa pension de retraite sur un compte épargne ouvert à son seul nom à la Société générale (la banque) ; que Mme X, qui ne disposait d'aucune procuration sur ce compte, a procédé à des retraits et virements pour un montant de 19 165,05 euros ; que, poursuivie par M. X, la banque l'a indemnisé et a fait assigner son épouse en restitution des sommes versées ; • Attendu que Mme X fait grief à l'arrêt confirmatif attaqué (CA Rouen, 31 janv. 2008), de l'avoir condamnée à payer à la banque, sous bénéfice de la subrogation, la somme litigieuse avec intérêts au taux légal à compter du 20 avril 2005, correspondant aux retraits et virements opérés par elle sur le compte de son mari alimenté par ses pensions de retraite alors, selon le moyen, que les pensions de retraite de M. X ne constituaient pas un bien propre ; qu'elles faisaient partie de l'actif de la communauté en tant que biens communs, de sorte que son épouse pouvait effectuer des prélèvements sur le compte alimenté par les pensions de retraite du mari, qui constituent des revenus différés ; que l'arrêt attaqué, en estimant que les pensions de retraite du mari constituaient un bien propre a violé l'article 1401 du Code civil.

Mais attendu, d'une part, que l'article 221 du Code civil réserve à chaque époux la faculté de se faire ouvrir un compte personnel sans le consentement de l'autre, d'autre part, que le banquier dépositaire ne doit, aux termes de l'article 1937 du même code, restituer les fonds déposés qu'à celui au nom duquel le dépôt a été fait ou à celui qui a été indiqué pour les recevoir ; que la cour d'appel a relevé que si les opérations effectuées par Mme X ont été rendues possibles par les négligences de la banque, celle-ci était fondée à se prévaloir du bénéfice de la subrogation dès lors que l'épouse n'avait pas le pouvoir de disposer des fonds déposés sur le compte ouvert au seul nom du mari ; que, par ce motif de pur droit, suggéré par la défense, l'arrêt se trouve légalement justifié, abstraction faite du motif erroné mais surabondant. Par ces motifs : Rejette le pourvoi ; (...)

■ *Faits*

Marié sans contrat, un époux fait verser les arrérages de sa pension de retraire sur le compte épargne ouvert à son seul nom. Sans procuration, son épouse a procédé à des retraits et à des virements sur ce compte. Poursuivie en justice, la banque a donc indemnisé son client et a ensuite assigné l'épouse en restitution des sommes versées. Condamnée par les juges du fond à payer à la banque, sous bénéfice de subrogation, les sommes litigieuses, l'épouse forme alors un pourvoi en cassation qui est rejeté par la Cour de cassation.

■ *Portée*

Par l'arrêt reproduit, la première chambre civile de la Cour de cassation vient en réalité préciser la portée de l'autonomie bancaire des époux instituée par l'article 221 du Code civil.

Issue du régime primaire, cette disposition confère à chaque époux une liberté d'ouverture et de fonctionnement d'un compte bancaire. Mais aussi et surtout, elle impose au banquier certains devoirs propres à assurer une telle liberté. Outre, l'obligation de s'abstenir de vérifier la propriété des fonds déposés, celui-ci a l'interdiction de laisser un époux intervenir sur le compte de son conjoint. Or c'est précisément sur ce point qu'en l'espèce, la banque avait été défaillante puisqu'elle avait laissé l'épouse, dépourvue de toute procuration, procéder à des opérations sur le compte de son mari. Sa responsabilité contractuelle était évidente et n'était d'ailleurs pas discutée devant la Haute juridiction. La Cour s'est simplement contentée de réaffirmer que le banquier dépositaire ne doit, aux termes de l'article 1937 du Code civil, restituer les fonds déposés qu'à celui au nom duquel le dépôt a été fait ou à celui qui a été indiqué pour les recevoir. Ce sont en fait les suites de cette condamnation qui étaient au cœur du litige. La question qui se posait pour la première fois aux hauts magistrats était de savoir si après avoir indemnisé son client, la banque pouvait agir contre l'épouse indélicate en restitution des fonds.

La réponse de la Cour résonne comme un principe. Elle a en effet affirmé que « *la banque était fondée à se prévaloir du bénéfice de la subrogation dès lors que l'épouse n'avait pas le pouvoir de disposer des fonds déposés sur le compte ouvert au seul nom du mari* ». Un recours fondé sur la subrogation est donc bel et bien ouvert à la banque. La nature, commune ou propre, des fonds est sans incidence sur la solution. Qualifiés à tort de biens propres par la cour d'appel, les pensions de retraire étaient communes, comme le laisse entendre si justement la Cour de cassation. Mais peu importe en définitive. Le débat était ailleurs. Les règles de la gestion de la communauté, et spécialement la gestion concurrente (art. 1421, C. civ.) devaient en tout état de cause s'effacer devant les principes d'ordre public du régime primaire. L'absence de pouvoir de l'épouse justifiait seule la solution et le recours ouvert à la banque négligente. La garantie de l'autonomie bancaire entre époux est à ce prix.

19 Civ. 1re, 30 septembre 2009

Sur le moyen unique, pris en ses deux premières branches : Attendu que Mme D. fait grief à l'arrêt attaqué d'avoir autorisé *son mari à procéder à la vente de la maison d'habitation constituant le domicile conjugal sans son consentement, alors, selon le moyen : 1°/qu'en ne répondant pas aux conclusions récapitulatives d'appel de Mme M. du 13 juin 2007 faisant valoir que M. M. tentait par la présente instance de remettre en cause les mesures provisoires prononcées par le juge aux affaires familiales qui avaient vocation à s'appliquer jusqu'au jour où le divorce deviendrait définitif, et, ce, en reprenant les mêmes arguments que ceux développés lors de la procédure d'appel de l'ordonnance de non conciliation, la cour d'appel a violé l'article 455 du Code de procédure civile ; 2°/qu'en tout état de cause, une décision du juge aux affaires familiales passée en force de chose jugée, statuant sur l'attribution du domicile conjugal à l'un des époux jusqu'au prononcé définitif du divorce, a autorité de la chose jugée en ce qui concerne cette attribution tant que la procédure de divorce est en cours ; qu'un arrêt du 23 novembre 2004, passé en force de chose jugée, statuant sur appel d'une ordonnance de non-conciliation du juge aux affaires familiales, avait attribué à Mme M. la jouissance à titre gratuit de ce domicile conjugal ; qu'en écartant la fin de non-recevoir tirée de l'autorité de la chose jugée de l'arrêt du 23 novembre 2004 soulevée par l'exposante et en faisant droit à la nouvelle demande de M. M. de pouvoir disposer du domicile conjugal, à une date où la procédure de divorce était toujours en cours et où la décision du juge conciliateur continuait de produire ses effets, la cour d'appel a violé l'article 1351 du Code civil, ensemble l'article 482 du Code de procédure civile ; Mais attendu que l'attribution, à titre provisoire, de la jouissance du domicile conjugal à l'un des époux par le juge du divorce ne fait pas obstacle à une autorisation judiciaire de vente du logement familial à la demande de l'autre époux en application de l'article 217 du Code civil ; que par ce motif de pur droit, substitué, dans les conditions de l'article 1015 du Code de procédure civile, à celui critiqué, l'arrêt se trouve légalement justifié ; (...) Par ces motifs : Rejette le pourvoi ; (...)*

■ *Faits*

En instance de divorce, une épouse a obtenu, au titre des mesures provisoires, l'attribution de la jouissance du domicile conjugal. Par la suite, son époux décide de vendre ce bien pour apurer le passif commun. Confronté au refus de sa femme de consentir à l'acte, ce dernier a donc été autorisé en justice à procéder seul à la cession. Son épouse conteste une telle décision. Déboutée en appel, elle forme alors un pourvoi en cassation rejeté par la Cour de cassation.

■ *Portée*

Dans cet arrêt du 30 septembre 2009, la première chambre civile de la Cour de cassation apporte des précisions importantes sur le domaine d'application de l'autorisation judiciaire et plus particulièrement sur sa mise en œuvre dans le cadre d'une instance en divorce.

Conçue comme une mesure de crise, l'autorisation judiciaire relève du régime primaire. L'article 217 du Code civil dispose ainsi qu'« un époux peut être autorisé par justice à passer seul un acte pour lequel le consentement de son conjoint serait nécessaire, si celui-ci est hors d'état de manifester sa volonté ou si son refus n'est pas justifié par l'intérêt de la famille ».

C'est donc bien sûr ce fondement textuel qu'en l'espèce, l'époux avait été autorisé à vendre seul le logement familial dont la jouissance avait été attribuée à son épouse par l'ordonnance de non-conciliation. Par ce mécanisme d'habilitation judiciaire, le mari pouvait ainsi vendre seul le logement de la famille au mépris des exigences classiques de cogestion imposées par l'article 215 du Code civil. Dans son pourvoi, l'épouse avait tenté de faire prévaloir l'autorité de chose jugée attachée à l'ordonnance du juge conciliateur considérant que celle-ci devait faire obstacle à la mise en œuvre de l'article 217 du Code civil. Sans succès.

La Cour de cassation n'a pas suivi ce raisonnement. Rejetant le pourvoi, elle a posé une solution de principe : l'attribution, à titre provisoire, de la jouissance du domicile conjugal par le juge du divorce ne fait pas obstacle à une autorisation judiciaire de vente du logement de la famille en application de l'article 217 du Code civil.

La décision emporte l'approbation. Destiné à débloquer les situations de crise, l'article 217 trouve en effet dans l'instance en divorce son terrain de prédilection. C'est ici que les époux risquent de ne plus jouer le jeu de la coopération et de la cogestion, obligeant alors le régime primaire à se mettre en défense. Néanmoins, encore faut-il s'assurer que les conditions de l'autorisation judiciaire soient remplies et spécialement que le refus de l'un des époux ne soit pas justifié par l'intérêt de la famille. C'est en effet sur cette notion essentielle du droit de la famille, laissée à l'appréciation des juges du fond, que repose tout le mécanisme. En l'espèce, la cour d'appel n'a d'ailleurs pas hésité à procéder à une appréciation d'ensemble de cet intérêt, approuvée en cela par la Cour de cassation. Elle a ainsi relevé que la vente du logement familial apparaissait comme le dernier recours pour apurer ou tout au moins pour ne pas aggraver le passif commun. Cette motivation n'est pas nouvelle. Elle a déjà été utilisée dans les quelques rares décisions rendues en la matière. En définitive, seul l'intérêt de la famille peut justifier une dérogation aux principes classiques d'égalité et de coopération des époux. La décision rendue par la Cour de cassation en est la parfaite illustration.

20 Civ. 1re, 6 février 2008

Extraits *« La Cour : Attendu que Mme T. a assigné en référé son mari, M. T., pour voir statuer, sur le fondement de l'article 220-1, alinéa 3, du Code civil, sur la résidence séparée des époux, les modalités d'exercice de l'autorité parentale et la contribution aux charges du mariage (...) ; Vu l'article 220-1, alinéa 3, du Code civil ; Attendu qu'en vertu de ce texte, lorsque des violences exercées par l'un des époux mettent en danger son conjoint, un ou plusieurs enfants, le juge peut statuer sur la résidence séparée des époux en, précisant lequel des deux continuera à résider dans le logement conjugal ; que sauf circonstances particulières, la jouissance de ce logement est attribuée au conjoint qui n'est pas l'auteur des violences ; Attendu que pour statuer sur les mesures urgentes sollicitées par Mme T. en application de l'article 220-1, alinéa 3, du Code civil, l'arrêt retient qu'il n'est pas contestable qu'au moment où l'ordonnance de référé est intervenue, Mme T. se trouvait en état de choc à la suite d'une explication entre les conjoints mettant en cause leur séparation ; Qu'en se déterminant ainsi, sans constater l'existence de violences exercées par M. T. mettant en danger son épouse, la cour d'appel a privé sa décision de base légale au regard du texte susvisé ;*
Par ces motifs, et sans qu'il y ait lieu de statuer sur les autres griefs : CASSE ET ANNULE, dans toutes ses dispositions, l'arrêt rendu par la cour d'appel de Versailles ».

■ *Faits*

Une épouse, se plaignant de violences exercées par son mari, a assigné ce dernier en référé pour voir statuer, sur le fondement de l'article 220-1, alinéa 3 du Code civil, sur la résidence séparée des époux les modalités d'exercice de l'autorité parentale et la contribution aux charges du mariage. Il est fait droit à sa demande en première instance par ordonnance du juge aux affaires familiales. Saisie, la cour d'appel de Versailles a par la suite confirmé la décision retenant qu'il n'est pas contestable qu'au moment de l'ordonnance en référé, l'épouse se trouvait en état de choc à la suite d'une explication entre les conjoints mettant en cause leur séparation.

■ *Portée*

S'inscrivant dans le mouvement de lutte contre les violences conjugales, la loi du 26 mai 2004 a inséré un alinéa 3 dans l'article 220-1 du Code civil instituant ce que l'on a appelé le référé-violence. Aux termes de cette disposition, « *lorsque les violences exercées par l'un des époux mettent en danger son conjoint, un ou plusieurs enfants, le juge peut statuer sur la résidence séparée des époux en précisant lequel des deux continuera à résider dans le logement conjugal. Sauf circonstances particulières, la jouissance de ce logement est attribuée au conjoint qui n'est pas l'auteur des violences, le juge se prononce s'il y a lieu sur les modalités d'exercice de l'autorité parentale et sur la contribution aux charges du mariage* ». L'espèce soumise à la Cour de cassation posait ainsi pour la première fois la question des conditions d'application de cette disposition. Faisant ainsi preuve de sévérité, la Cour a cassé la décision des juges du fond pour manque de base légale. Elle a en effet considéré qu'en retenant simplement que l'épouse se trouvait en état de choc à la suite d'une explication avec son époux, sans constater l'existence de violence exercée mettant en danger l'épouse, la cour d'appel ne satisfait pas aux exigences de l'article 220-1 du Code civil. En d'autres termes, faute de violences avérées, l'épouse ne pouvait donc se prévaloir de la protection légale. Une telle vigilance de la Cour de cassation ne peut être qu'approuvée en raison des effets d'une telle mesure, expulsion du conjoint violent de la résidence familiale, attribution de l'autorité parentale, particulièrement à l'égard des enfants. Aussi par cette décision, la Haute juridiction démontre bien que le référé-violence est un dispositif d'exception strictement cantonné.

Subordonnées ainsi à la preuve de violences, les mesures ordonnées en référé (art. 1290, al. 2, CPC), et particulièrement l'expulsion du conjoint violent, connaissent toutefois deux limites. Une limite dans le temps, tout d'abord puisqu'elles seront caduques si, à l'expiration d'un délai de 4 mois à compter de leur prononcé, aucune requête en divorce ou séparation de corps n'a été déposée. Une limite pratique ensuite. En effet, l'expulsion du conjoint violent, soumise en principe au droit commun de l'expulsion sauf dérogation (art. 66-1 L. 9 juillet 1991, faisant exception à la trêve hivernale) suscitera des difficultés d'exécution. Le recours à la force publique est certes possible mais inadapté à la célérité voulue par le législateur en la matière. Ce sont sans aucun doute ces inconvénients qui pourraient expliquer une pratique dans les juridictions encore disparate et le peu de décisions publiées à ce jour.

Le dispositif civil de protection contre les violences, institué par le législateur en 2004, n'est donc pas sans faille. Expressément réservé aux époux, comme l'a jugé le Tribunal de grande instance de Lille le 21 février 2006, il peut fort heureusement être combiné ou remplacé pour les concubins ou les partenaires pacsés par des mesures pénales d'éloignement de l'auteur des violences de la résidence familiale (art. 41-1 et 41-2, C. pr. pén.). La violence ne connaît pas de frontières.

Pour aller plus loin

- **TGI Lille, 21 février 2006** : les dispositions de l'article 220-1 alinéa 3 du Code civil relatives à l'éviction du conjoint violent sont exclusivement applicables aux époux. Elles ne sauraient être appliquées aux concubins.

Le divorce

Chapitre

4

Le divorce peut se définir comme la dissolution du mariage prononcée du vivant des époux par le juge. Cette définition traditionnelle fait ainsi apparaître les particularités de ce mode de dissolution du mariage : c'est une dissolution du vivant des époux à la différence du décès et une dissolution prononcée par le juge. L'intervention du magistrat traduit une fois encore l'aspect institutionnel attaché au mariage.

Réformé à de nombreuses reprises, le droit du divorce issu de la loi du 26 mai 2004 est aujourd'hui marqué par le pluralisme juridique et la simplification. En effet, aux différentes causes de divorce prévues par le Code civil répondent deux procédures : une procédure propre au divorce par consentement mutuel et une procédure réservée aux divorces contentieux : divorce pour faute, pour altération définitive du lien conjugal et pour acceptation du principe de la rupture. En tout état de cause, le prononcé du divorce, quelle que soit sa cause, emporte de nombreux effets tant personnels que patrimoniaux.

1 Civ. 2e, 6 mai 1987

« La Cour ; Sur le moyen unique : Attendu, selon l'arrêt confirmatif attaqué, qu'un jugement, non frappé de voies de recours, a prononcé le divorce des époux B. G. sur leur requête conjointe et homologué la convention définitive portant règlement des conséquences du divorce ; que Mme G. estimant être victime d'une lésion dans cette convention, en a demandé la rescision ; Attendu qu'il est fait grief à l'arrêt d'avoir déclaré cette action irrecevable, alors que, d'une part, la convention portant règlement des effets du divorce pourrait être dissociée du jugement prononçant celui-ci, et, n'étant pas irrévocable, pourrait faire l'objet d'une action en rescision pour lésion, et alors que, d'autre part, en considérant qu'en l'absence de clause stipulant l'égalité du partage, celui-ci pouvait être présumé inégal, ce qui rendrait irrecevable l'action en rescision pour lésion, la cour d'appel aurait violé les articles 1476 et 887 du Code civil ; Mais attendu que l'arrêt retient à bon droit que le prononcé du divorce et l'homologation de la convention définitive ont un caractère indissociable et ne peuvent plus être remis en cause hors des cas limitativement prévus par la loi ; que par ces seuls motifs, la cour d'appel a légalement justifié sa décision ; Par ces motifs, REJETTE ».

■ *Faits*

Un jugement a prononcé le divorce des époux B. G. sur requête conjointe et a homologué la convention définitive portant règlement des conséquences du divorce. Mais l'ex-épouse, s'estimant victime d'une lésion dans cette convention, en demande la rescision. Son action est déclarée irrecevable par les juges du fond. Celle-ci forme alors un pourvoi en cassation.

■ *Portée*

Rendu sous l'empire de la loi du 11 juillet 1975, l'arrêt de la Cour de cassation reproduit est venu préciser le sort de la convention définitive homologuée dans le divorce sur requête conjointe. En effet, cette forme de divorce par consentement mutuel présente la particularité d'être hybride. Fondé sur l'accord des époux matérialisé dans une convention, il reste néanmoins judiciaire. Le juge en prononçant le divorce homologue la convention des parties et lui donne force exécutoire (art. 279, C. civ. dans sa rédaction issue de la loi de 1975). Or précisément quelle est la portée de cette convention ? Relève-t-elle du droit commun des contrats et donc peut-elle être rescindée pour lésion ou encore annulée pour vice du consentement ? Au contraire, faut-il admettre que, marquée du sceau juridictionnel, elle est indissociable du jugement de divorce et donc est soumise au même régime ? C'est donc à toutes ses interrogations qu'a répondues la Cour de cassation en l'espèce. Elle a ainsi considéré que le prononcé du divorce et l'homologation de la convention définitive ont un caractère indissociable et ne peuvent être remis en cause en dehors des cas limitativement prévus par la loi. Dès lors, l'action en rescision pour lésion contre le partage ne pouvait être exercée par l'ex-épouse. Par cette décision de principe, la Haute juridiction met un terme à la controverse doctrinale et à l'incertitude jurisprudentielle. En raison de l'indivisibilité de l'homologation et du prononcé du divorce, la convention homologuée est donc dotée de la même force exécutoire qu'une décision de justice. Elle saurait être attaquée par le biais d'une action en rescision pour lésion ou encore d'une action en nullité pour vice du consentement. Mais pour autant, toute remise en cause de cette convention n'est pas écartée par la Cour dans l'arrêt rapporté. Elle peut toujours être attaquée en même temps que le prononcé du divorce par les voies de recours ordinaires (pourvoi en cassation par les époux ou tierce opposition pour les créanciers des époux en cas de fraude à leurs droits). De la même manière, l'article 279 alinéa 2 a réservé la possibilité aux ex-époux de modifier la convention par une nouvelle convention, également soumise à homologation. Le parallélisme des formes est alors respecté. Enfin, après quelques hésitations, la jurisprudence a également admis qu'en cas d'omission d'un bien dans le partage, une demande de partage complémentaire pouvait être faite. Mais en dehors de ces quelques exceptions, le principe de l'indivisibilité doit demeurer. La loi du 26 mai 2004 portant réforme du divorce n'a pas modifié ce principe. Même si l'intitulé et la procédure du divorce ont quelque peu changé (divorce par consentement mutuel), l'homologation de la convention des époux par le juge aux affaires familiales emporte toujours les mêmes conséquences. Il n'y a aucune raison que cela change, la déjudiciarisation du divorce par consentement mutuel n'étant plus à l'ordre du jour.

Pour aller plus loin

- **Civ. 2e, 13 novembre 1991** : exclusion de l'action en nullité de la convention homologuée pour vices du consentement.
- **Civ. 2e, 26 juin 1996** : le jugement prononçant le divorce et homologuant la convention étant devenu irrévocable, la convention ne peut être remise ne cause.
- **Civ. 1re, 25 novembre 1999** : la convention définitive ne peut être attaquée par la voie de l'action paulienne.
- **Civ. 1re, 6 mars 2001** : recevabilité d'une action en partage complémentaire en cas d'omission d'un bien dans la convention définitive homologuée sans soumettre une nouvelle convention au juge du divorce.

2 Civ. 1re, 30 septembre 2009

LA COUR : – Sur le moyen unique, pris en ses deux branches : – Vu l'article 279 du Code civil, dans sa rédaction antérieure à la loi n° 2004-439 du 26 mai 2004. – Attendu que si la convention définitive homologuée, ayant la même force exécutoire qu'une décision de justice, ne peut être remise en cause, un époux divorcé demeure recevable à présenter une demande ultérieure tendant au partage complémentaire de biens communs ou de dettes communes omis dans l'état liquidatif homologué ; Attendu qu'un jugement du 12 septembre 2000 a prononcé le divorce de M. X et de Mme Y sur leur requête conjointe et a homologué la convention définitive portant règlement des conséquences pécuniaires du divorce ; qu'aux termes de cette convention, signée en mai 2000, les époux se sont partagé le remboursement de différents prêts, sans tenir compte d'un acte notarié du 24 août 2000 par lequel ils avaient renégocié avec leur banque des « prêts consommations au CIN et chez Cofidis » ; que, reprochant à son ancienne épouse de ne pas avoir respecté ses engagements, M. X l'a fait assigner le 28 octobre 2004 devant le tribunal de grande instance pour la voir condamner à lui rembourser les dettes communes mises à sa charge tant par la convention définitive homologuée que par la convention notariée du 24 août 2000, dont il s'était acquitté postérieurement au divorce ; que M. X a en outre sollicité que soit ordonnée la vente aux enchères publiques d'un immeuble sis à Cernay, appartenant indivisément aux anciens époux, omis dans la convention définitive ; Attendu que pour débouter M. X de ses demandes et ordonner que les parties règlent le sort de la ou des dettes, ainsi que de l'immeuble commun, omis dans la convention définitive, par une nouvelle convention soumise au contrôle du juge et renvoyer à cette fin les parties devant le juge aux affaires familiales, l'arrêt attaqué énonce que si M. X soutient et rapporte la preuve qu'une dette de communauté a été omise lors de l'établissement de la convention devant régler tous les effets du divorce et que le sort de l'immeuble de communauté, ainsi que les conséquences de son occupation par Mme Y, postérieurement au prononcé du divorce, n'ont pas davantage été pris en considération dans la convention définitive, les demandes présentées par chacune des parties sont de nature à modifier considérablement l'économie de la convention définitive qui a été homologuée par le jugement du 12 septembre 2000 et nécessitent une nouvelle convention soumise au contrôle du juge ; qu'en statuant ainsi, la cour d'appel, qui a méconnu l'étendue de ses pouvoirs, a violé les textes susvisés ; Par ces motifs, casse (...)

■ *Faits*

Dans le cadre d'un divorce sur requête conjointe, des époux avaient omis d'inclure dans la convention réglant les effets du divorce deux éléments : une dette et un immeuble communs.

Quelques années plus tard, le mari assigne alors son épouse pour qu'elle contribue au règlement d'une partie de la dette et pour que soit ordonnée la vente aux enchères de l'immeuble. Il est débouté par la cour d'appel au motif que de telles demandes risqueraient de modifier considérablement l'économie de la convention homologuée. La rédaction d'une nouvelle convention soumise au juge est donc exigée. Cette solution est censurée par la Cour de cassation.

■ *Portée*

Par cet arrêt du 30 septembre 2009, la première chambre civile de la Cour de cassation s'est prononcée une nouvelle fois sur la force de la convention de divorce homologuée. Plus précisément, la question qui se posait en espèce était de déterminer le sort des biens et des dettes omis dans l'état liquidatif homologué ? Un partage complémentaire était-il admissible ou au contraire, une nouvelle convention soumise au contrôle du juge était-elle nécessaire ?

Les juges du fond avaient retenu cette dernière solution. Le choix s'est révélé inopportun puisque la Cour de cassation les a censurés au visa des articles 279, 887, 1477, 1478 et 1485 du Code civil. La Cour a en effet considéré, dans un attendu de principe, que « *si la convention définitive homologuée, ayant la même force exécutoire qu'une décision de justice, ne peut être remise en cause, un époux divorcé demeure recevable à présenter une demande ultérieure tendant au partage complémentaire de biens communs ou de dettes communes omis dans l'état liquidatif homologué* ».

La solution ne surprend pas s'agissant de l'omission d'un bien car elle avait déjà été admise par la Haute juridiction (*Civ. 2e, 22 janvier 2000, Dr. Fam. 2000, comm. 86, note Lécuyer*). Elle est en revanche inédite en cas d'omission de dettes. Opérant ici un revirement de jurisprudence (cf. *pour aller plus loin*), la Cour admet désormais sans conteste la possibilité d'un partage complémentaire dans une telle hypothèse.

Rendue certes sous l'empire des dispositions antérieures à la loi du 26 mai 2004, la décision est parfaitement transposable sous l'empire du droit positif. L'enseignement est très clair en pratique.

Sans remettre en cause le principe de l'intangibilité de la convention définitive rappelé dans son attendu, la première chambre civile de la Cour de cassation a donc validé le recours à un partage complémentaire en cas d'omission d'un bien ou d'une dette dans la convention homologuée. Ni l'aspect judiciaire de la convention, ni l'aspect conventionnel de la convention ne peuvent y faire obstacle. Le droit du partage a vocation à s'appliquer. Rigueur ne rime donc pas nécessairement avec absolutisme. La Cour de cassation a fait preuve une fois encore de souplesse.

3 Civ. 1re, 12 novembre 2009

Vu l'article 242 du Code civil, dans sa rédaction de la loi n° 2004-439 du 26 mai 2004, ensemble l'article 455 du Code de procédure civile ;
Attendu que pour confirmer le prononcé du divorce des époux X. Y. aux torts exclusifs de l'épouse, l'arrêt attaqué retient que le comportement fautif de Mme Y. est établi, notamment par les attestations que produit M. X. ; Qu'en statuant ainsi, sans répondre aux conclusions de l'épouse qui, assistée de son curateur, soutenait devant la cour d'appel que les faits qui lui étaient reprochés n'étaient que la conséquence de ses troubles mentaux, de sorte qu'ils ne pouvaient lui être imputés à faute, la cour d'appel n'a pas donné de base légale à sa décision ;
Et sur le second moyen :
Vu l'article 242 du Code civil, dans sa rédaction de la loi n° 2004-439 du 26 mai 2004, ensemble l'article 455 du Code de procédure civile ; Attendu que l'arrêt attaqué a débouté Mme Y. de sa demande reconventionnelle en divorce pour faute pour les motifs sus-énoncés ;
Qu'en statuant ainsi, sans examiner les griefs invoqués par l'épouse qui reprochait à son conjoint de lui voir dénié toute assistance et d'avoir cherché à se séparer d'elle en raison de ses troubles psychiques, la cour d'appel n'a pas donné de base légale à sa décision ;
Par ces motifs : Casse et annule (...)

■ *Faits*

Une épouse placée sous curatelle invoquait, pour se défendre contre la demande de divorce à ses torts exclusifs formulée par son époux, la circonstance selon laquelle les faits qui lui étaient reprochés n'étaient que la conséquence de ses troubles mentaux, de sorte qu'ils ne pouvaient lui être imputés. La Cour d'appel s'était contentée de constater qu'il y avait des attestations prouvant la faute de l'épouse et justifiant un divorce aux torts exclusifs de celle-ci, sans répondre à ses arguments fondés sur son état mental.

Dans l'arrêt du 12 novembre 2009, la première chambre civile de la Cour de cassation censure la position des juges du fond leur reprochant de ne pas avoir répondu aux conclusions de l'épouse qui, assistée de son curateur, soutenait l'absence d'imputabilité des faits qui lui étaient reprochés en raison de ses troubles mentaux.

■ *Portée*

Par cet arrêt du 12 novembre 2009, la Cour de cassation se prononce sur une question peu souvent rencontrée : l'imputabilité de la faute, cause de divorce. Dans le divorce pour faute, la cause de divorce se décompose en plusieurs éléments : un élément matériel qui consiste en une violation grave ou renouvelée des devoirs et obligations du mariage rendant intolérable le maintien de la vie commune, et un élément moral, la violation devant être imputable au conjoint. L'imputabilité implique nécessairement la conscience et la volonté de commettre un fait que l'on sait non respectueux d'un devoir légal. Ainsi, pour constituer une cause de divorce, les griefs imputables doivent présenter un caractère intentionnel. La jurisprudence traditionnelle est depuis longtemps fixée sur ce point et rejette le divorce lorsque le conjoint n'est pas conscient du caractère anormal et fautif de ses agissements. C'est en ce sens que statue la première chambre civile dans le présent arrêt. Cette jurisprudence s'applique à l'évidence au cas de majeurs juridiquement protégés comme en l'espèce, mais elle peut également concerner toute personne, même non placée sous un régime de protection légale, à la condition qu'elle apporte la preuve que le comportement fautif que lui reproche son conjoint résulte de troubles psychiques. Mais si l'adultère accompli sous l'effet d'un trouble mental ne constitue pas un motif de divorce, c'est à la condition que ce trouble ne trouve pas son origine dans une faute antérieure caractérisée (ivresse, absorption de drogues). Le défaut de liberté dépouille également le fait allégué de son caractère fautif. C'est pourquoi, la force majeure constitue aussi une cause de non-imputabilité.

Mais l'éventuel refus du divorce pour faute auquel conduit cette exigence d'imputabilité ne constitue plus véritablement un obstacle au divorce depuis la réforme opérée par la loi du 26 mai 2004. Alors qu'auparavant le demandeur en divorce devait s'orienter vers le délicat divorce pour altération des facultés mentales, l'une des formes du divorce pour rupture de la vie commune, il peut depuis 2004 s'orienter vers le divorce pour altération définitive du lien conjugal bien moins contraignant et qui exclut toute discussion sur une éventuelle faute imputable au conjoint.

Pour aller plus loin

- **TGI Niort, 21 novembre 1960** : viol d'une femme mariée par un tiers ; « l'accomplissement de l'acte charnel contre toute volonté libre et en dehors de toute conscience exclut de lui-même l'existence d'une faute et par suite celle d'un adultère ».
- **Toulouse, 29 octobre 1997** : rejet de la demande en divorce, les faits reprochés s'expliquant par l'état mental de l'épouse atteinte de psychose schizophrénique.
- **Bordeaux, 19 novembre 1996** : les juges refusent de prononcer le divorce, faute d'imputabilité, les époux ayant adopté un mode de vie moderne comportant pour chacun des grands espaces d'intimité hors du couple.

4 Civ. 1re, 14 février 2006

Attendu que Mme X. fait grief à l'arrêt attaqué, d'avoir écarté des débats l'attestation de Mme Y., d'avoir prononcé le divorce des époux Z. à ses torts exclusifs et de l'avoir déboutée de ses demandes de prestation compensatoire et de dommages-intérêts, alors, selon les moyens : 1/que si la prohibition de témoignages émanant de descendants d'un époux sur les griefs invoqués à l'appui d'une demande de divorce s'applique au conjoint de ses descendants, aucune règle ni aucun principe ne s'opposent en revanche, dès l'instant que le descendant en cause a divorcé, à ce que le témoignage de son ex-époux soit produit pour justifier du bien-fondé d'un grief invoqué à l'appui d'une demande en divorce ; qu'en décidant le contraire la cour d'appel viole les articles 205 du nouveau Code de procédure civile et 259 du Code civil ; 2/que le principe de l'égalité des armes, ensemble le principe de loyauté des débats judiciaires que le juge est tenu de respecter et de faire respecter s'oppose à ce qu'un époux en instance de divorce se voit priver d'invoquer, pour justifier sa demande, un témoignage décisif comme susceptible de modifier l'opinion des juges sur la réalité des griefs invoqués, motif pris du lien familial, aujourd'hui disparu, ayant existé entre ce témoin et le couple cependant que l'autre époux a pu produire utilement, pour justifier du bien fondé de ses propres griefs, les témoignages émanant de membres de sa propre famille, en l'occurrence une sœur et un cousin ; qu'en statuant comme elle le fait, la cour d'appel viole l'article 6, paragraphe 1, de la Convention européenne de sauvegarde des droits de l'homme et des libertés fondamentales et les principes susvisés, ensemble l'article 9 du nouveau Code de procédure civile ; (...) Mais attendu qu'en écartant l'attestation du conjoint divorcé d'un descendant, la cour d'appel a fait une exacte application de l'alinéa 2 de l'article 205 du nouveau Code de procédure civile ; Et attendu que c'est dans l'exercice de son pouvoir souverain d'appréciation, sans méconnaître l'article 6.1 de la Convention européenne des droits de l'homme, ni les principes de l'égalité des armes et de loyauté des débats judiciaires, que la cour d'appel a estimé que les griefs invoqués par l'épouse à l'encontre du mari n'étaient pas établis ; D'où il suit que les moyens ne peuvent être accueillis.

■ *Faits*

Suite à une instance en divorce, une femme voit le divorce prononcé à ses torts exclusifs. Dans son pourvoi en cassation, elle reproche aux juges du fond d'avoir écarté des débats une attestation du conjoint divorcé d'un descendant qui, d'après elle, aurait constitué un témoignage décisif en ce qu'il était susceptible de modifier l'opinion des juges sur la réalité des griefs invoqués à son encontre, invoquant en outre que son adversaire avait pu produire les attestations d'une sœur et d'un cousin. La Haute juridiction rejette le pourvoi et approuve les juges du fond d'avoir considéré que la prohibition de l'audition des descendants d'un époux sur les griefs invoqués à l'appui d'une demande en divorce s'applique aux conjoints divorcés de ces descendants.

■ *Portée*

Cet arrêt traite des modes de preuve recevables dans une instance en divorce et plus particulièrement des restrictions à la liberté de la preuve. En effet, si en principe, les fautes des époux peuvent être prouvées par tous moyens, certaines limites sont prévues par la loi. C'est ainsi que les descendants ne peuvent jamais être entendus sur les griefs invoqués par les époux. Par cette restriction à la liberté de la preuve, le législateur a été soucieux d'écarter les descendants du conflit conjugal opposant leurs ascendants pour les protéger mais également par suspicion de parti pris. Si l'article 259 du Code civil ne prévoit l'exclusion des témoignages que des seuls descendants, la jurisprudence a eu l'occasion d'étendre cette limitation du droit de la preuve aux conjoints des descendants et même aux concubins des descendants après un revirement opéré en 2001. La Cour de cassation ajoute une nouvelle catégorie de personnes à cette restriction en interdisant de produire aux débats les témoignages des conjoints, mais cette fois-ci divorcés, des descendants.

Une telle extension est-elle légitime ? Il est vrai que la restriction prévue par le texte peut faire l'objet de diverses interprétations. On peut retenir une définition littérale et juridique des termes de l'article 259 et considérer que seuls les descendants des époux ne peuvent témoigner. On peut considérer que l'expression retenue est plus générale et admettre alors des possibilités d'extension de la restriction au cas par cas. À l'évidence, la Cour de cassation a opté pour cette dernière option en allongeant un peu plus la liste des personnes frappées d'incapacité de témoigner dans une instance en divorce. Faut-il y voir un souci de moraliser la preuve dans le divorce ? Rien n'est moins sûr lorsque l'on sait que la Haute juridiction accepte la production du journal intime d'un conjoint par l'autre au mépris du droit au respect de la vie privée. À moins de considérer que la Cour de cassation entend établir une barrière absolue entre les fautes qu'invoquent les parents et la vie privée des enfants et ouvre en contrepartie plus largement les modes de preuve recevables entre époux.

Pour aller plus loin

- **Civ. 2e, 30 sept. 1998** : la prohibition d'entendre les descendants s'applique aux conjoints des descendants.
- **Civ. 2e, 10 mai 2001** : la prohibition s'applique au concubin du descendant.

5 Civ. 2e, 6 mai 1999

« LA COUR : [...] : Sur le deuxième moyen – Attendu qu'il est reproché à l'arrêt d'avoir prononcé le divorce aux torts partagés des époux, alors, selon le moyen, d'une part, qu'un époux ne peut produire aux débats le journal intime de son conjoint dès lors qu'il s'en est emparé frauduleusement ; qu'en l'espèce, en se fondant sur le journal intime de Mme B. alors qu'elle faisait expressément valoir que son mari le lui avait subtilisé, la cour d'appel a violé les articles 9 et 259-1 du Code civil ; d'autre part, que les propos tenus par Mme B. dans son journal ne pouvaient être considérés comme un aveu des faits qui lui étaient reprochés, faute d'intention caractérisée de reconnaître ces faits à l'égard des tiers ; qu'ainsi la cour d'appel a violé l'article 1355 du Code civil ; de surcroît, qu'il appartenait au mari de prouver le grief d'adultère qu'il invoquait ; qu'en statuant sur ce grief, sans relever d'éléments ou de documents extérieurs à ce journal et susceptibles de corroborer les allégations de M. P. et en statuant sur le seul fondement du journal litigieux, la cour d'appel a violé l'article 1315 du Code civil ; enfin, que le seul fait de tenir un journal intime, quels que soient les sentiments qui peuvent être exprimés ne caractérise pas une violation grave ou renouvelée des obligations du mariage dès lors qu'il s'agit d'un travail purement personnel de réflexion et que le journal ne doit, par nature, recevoir aucune publicité et ne peut en conséquence faire grief au conjoint ; que la cour d'appel ne pouvait juger le contraire sans violer l'article 242 du Code civil ; Mais attendu qu'en tirant de la lecture du journal intime de l'épouse, qui se bornait à alléguer que son conjoint le lui avait subtilisé, la conviction de la réalité des relations adultères nouées avec un autre homme, la cour d'appel, qui n'a pas énoncé que ce journal contenait un aveu, n'a fait, sans violer les textes visés au moyen, qu'user de son pouvoir souverain d'appréciation de la valeur et de la portée de cet unique élément de preuve du caractère fautif au sens de l'article 242 du Code civil, du grief allégué par le mari ; D'où il suit que le moyen n'est fondé en aucune de ses branches. »

■ *Faits*

Une Cour d'appel prononce le divorce aux torts partagés des époux en se fondant sur la production aux débats du journal intime de l'épouse pour démontrer son adultère. Elle est approuvée par la Cour de cassation qui considère qu'en tirant de la lecture du journal intime de l'épouse, qui se bornait à alléguer que son conjoint le lui avait subtilisé, la conviction de la réalité des relations adultères nouées avec un tiers, la Cour d'appel n'a fait qu'user de son pouvoir d'appréciation de la valeur et de la portée de cet unique élément de preuve.

■ *Portée*

L'arrêt rendu par la deuxième Chambre civile illustre parfaitement la supériorité du droit à la preuve en matière de divorce sur le droit au respect de la vie privée des conjoints. La Cour de cassation admet en effet que les juges du fond pouvaient caractériser l'adultère de l'épouse en utilisant, comme unique moyen de preuve, la lecture de son journal intime. Les faits invoqués comme causes de divorce ou en défense à une demande peuvent être établis par tout mode de preuve y compris l'aveu (art. 259, C. civ.). Ainsi, le droit commun des preuves est applicable à la faute conjugale. Cependant, le caractère toujours intime des faits conjugaux commande un certain nombre de restrictions à la liberté de la preuve. D'après l'article 259-1 du Code civil : « *Un époux ne peut verser aux débats un élément de preuve qu'il aurait obtenu par violence ou fraude* ». L'ancien texte ne visait que les lettres échangées entre un conjoint et un tiers. La loi du 26 mai 2004 réformant le divorce a étendu l'interdiction à tous les modes de preuve. Ainsi, seule la preuve de la fraude ou de la violence, preuve devant être rapportée par l'époux qui l'invoque, justifie leur exclusion. En l'espèce, l'épouse s'étant bornée à alléguer que son conjoint lui avait subtilisé son journal intime, cette preuve n'était pas rapportée. En dehors de l'hypothèse de la fraude ou de la violence, la production est possible qu'il s'agisse de courriers, de courriels, de SMS ou même du journal intime comme l'illustre le présent arrêt, en dépit de fortes résistances des juges du fond. Ainsi, l'époux, lorsqu'il divorce, n'a plus droit au respect de sa vie privée. Le contenu de son journal intime peut être dévoilé afin de permettre au juge de prononcer le divorce et de constater la faute.

Pour aller plus loin

- **Civ. 2e, 29 janv. 1997** : le juge ne peut, pour écarter des débats des lettres de l'épouse à un tiers ainsi que son journal intime, énoncer que leur production porte atteinte à la vie privée de celle-ci sans constater que le mari s'est procuré ces documents par fraude ou violence.
- **TGI Caen, Ord. JAF, 9 juin 2000** : la possession et la production d'un document strictement personnel comme un journal intime constitue une violation de la vie privée au sens de l'article 8 de la CEDH, hormis l'hypothèse d'une remise volontaire par son auteur.
- **Civ. 1re, 18 mai 2005** : une série de courriels provenant de la messagerie personnelle d'un époux peut être valablement produite au cours d'une procédure de divorce, en l'absence de preuve de violence ou de fraude.

6 Civ. 1re, 17 juin 2009

La Cour : « Vu les articles 259 et 259-1 du Code civil ;
Attendu qu'en matière de divorce, la preuve se fait par tous moyens ; que le juge ne peut écarter des débats un élément de preuve que s'il a été obtenu par violence ou fraude ;
Attendu que, pour débouter Mme Y de sa demande reconventionnelle et prononcer le divorce à ses torts exclusifs, la cour d'appel énonce que les courriers électroniques adressés par le biais de téléphone portable sous la forme de courts messages relèvent de la confidentialité et du secret des correspondances et que la lecture de ces courriers à l'insu de leur destinataire constitue une atteinte grave à l'intimité de la personne ; qu'en statuant ainsi, sans constater que les minimessages avaient été obtenus par violence ou fraude, la cour d'appel a violé les textes susvisés ».

■ *Faits*

Un jugement prononce le divorce d'un couple aux torts partagés. En appel, l'épouse produit des « SMS » reçus sur le téléphone portable professionnel de son mari pour démontrer l'adultère allégué à son encontre ; ces derniers contenant des échanges manifestement dénués de toute ambiguïté avec sa maîtresse. La teneur des messages est rapportée dans un procès-verbal d'huissier dressé à la demande de l'épouse.

La cour d'appel de Lyon rejette alors la demande reconventionnelle de la femme et prononce le divorce à ses torts exclusifs considérant que « les courriers électroniques adressés par le biais de téléphone portable sous la forme de courts messages relèvent de la confidentialité et du secret des correspondances et que la lecture de ces courriers à l'insu de leur destinataire constitue une atteinte grave à l'intimité de la personne ».

Faisant application de sa jurisprudence classique au visa des articles 259 et 259-1 du Code civil, la Cour de cassation casse l'arrêt d'appel au motif que les juges du fond n'ont pas constaté pour écarter ce moyen de preuve que « les minimessages avaient été obtenus par violence ou fraude ».

■ *Portée*

L'arrêt rendu par la première chambre civile de la Cour de cassation le 17 juin 2009 est intéressant en ce qu'il rappelle d'une part les règles gouvernant le droit de la preuve en matière de divorce et d'autre part, en ce qu'il apporte un éclairage moderne sur la preuve de l'adultère, faute cause de divorce.

La Cour de cassation rappelle, en effet, qu'en matière de divorce, la preuve de la faute se fait par tous moyens (art. 259, C. civ.) à la condition que les preuves produites aient été obtenues sans fraude ni violence (art. 259-1, C. civ.). Après s'être penchée sur les traditionnelles lettres missives ou sur la production du journal intime du conjoint et plus récemment sur les courriers électroniques, la Haute juridiction se prononce, dans cet arrêt, sur la recevabilité des « SMS » comme mode de preuve de la faute d'un des conjoints. Sur ce point, et conformément aux solutions habituelles en la matière, la Cour de cassation rappelle que le juge ne peut écarter des débats un élément de preuve que s'il a été obtenu par violence ou par fraude. Et c'est pour ne pas avoir constaté que les minimessages avaient été obtenus de manière déloyale que l'arrêt d'appel est cassé. Ainsi, il ressort de cette décision que le « SMS » peut être produit dans l'instance en divorce, à la condition de respecter la loyauté probatoire. Après le journal intime et le courriel, voici que le SMS, même expédié sur un téléphone professionnel peut valablement constituer un mode de preuve recevable de l'adultère d'un des conjoints.

La présente décision consacrant la valeur probatoire de ces nouveaux procédés de communication est conforme à celle rendue par la chambre sociale le 23 mai 2007 qui a reconnu, pour prouver le harcèlement sexuel d'un employeur envers sa salariée, la loyauté de ce mode de preuve « puisque l'auteur ne peut ignorer que ce type de message est enregistré par l'appareil récepteur ». Elle démontre que, dans le conflit qui oppose en matière de divorce le droit au respect de la vie privée et le droit à la preuve, la jurisprudence a tendance à faire prévaloir le second de ces droits sur le premier.

Pour aller plus loin

- **Civ. 2e, 16 février 1983** : il appartient à l'époux qui invoque les violences ou la fraude visées à l'article 259-1 du Code civil d'en rapporter la preuve.
- **Civ. 1re, 28 février 2006** : la preuve en matière de divorce se faisant par tous moyens, une cour d'appel peut admettre comme preuve de l'infidélité de l'épouse, sans remettre en cause la filiation des enfants, des examens sanguins établissant l'impossibilité biologique du mari d'être le père de deux des cinq enfants communs.
- **CEDH, sect. II, 10 octobre 2006, *L. L. c/France*** : constituent une violation de l'article 8 Conv. EDH, la production et l'utilisation en justice, dans une procédure de divorce, des pièces médicales.
- **Aix-en-Provence, 27 février 2008** : admission de la production d'un certificat médical attestant que le mari avait été hospitalisé pour sevrage alcoolique. Absence de fraude, l'épouse ayant accompagné son époux lors de la visite médicale.

7 Civ. 2e, 27 juin 1985

Extraits : Attendu, selon l'arrêt attaqué, qu'un précédent jugement (devenu irrévocable) ayant prononcé, sur leur demande conjointe le divorce de Mme B. et de M. C., celui-ci après avoir fait procéder à la saisie-arrêt entre ses propres mains de la rente qui avait été allouée à la femme à titre de prestation compensatoire par la convention homologuée, a assigné son ex-épouse en paiement d'une certaine somme et en validation de la saisie-arrêt. Sur le second moyen : Attendu qu'il est reproché à l'arrêt d'avoir prononcé la nullité de la saisie-arrêt pratiquée sur la rente due à Mme B. à titre de prestation compensatoire, alors que celle-ci, même lorsqu'elle revêt fa forme d'une rente, aurait pour objet, non d'assurer des aliments au créancier, mais de lui maintenir un train de vie comparable à celui qu'il avait avant le divorce, de sorte qu'en assimilant la prestation à une « provision, somme ou pension à caractère alimentaire » au sens de l'article 2092-2-2° du Code civil, l'arrêt aurait violé l'article 270 dudit Code ; Mais attendu qu'après avoir exactement relevé que, si la prestation compensatoire présentait un caractère indemnitaire, elle présentait aussi un caractère alimentaire, c'est à bon droit, que, faisant application de l'article 2092-2-2° du Code civil à la rente allouée à Mme B. à titre de prestation compensatoire, l'arrêt l'a déclarée insaisissable et prononcé la nullité de la saisie ; D'où il suit que le moyen n'est pas fondé ; Par ces motifs, REJETTE... ».

■ *Faits*

Un divorce sur demande conjointe a été prononcé entre Mme B. et M. C. La convention homologuée mettait à la charge de l'ex-mari le versement d'une prestation compensatoire sous forme de rente. Par la suite, un différend portant sur la contribution des époux à une dette fiscale née durant le mariage est apparu. En effet, après avoir payé l'intégralité de la dette, l'ex-mari a réclamé sa part contributive à son ancienne épouse. Face à son refus, il a alors décidé de procéder à la saisie-arrêt de la rente allouée à celle-ci à titre de prestation compensatoire. Saisis du conflit, les juges du fond ont décidé qu'en raison de son caractère alimentaire, la prestation compensatoire était insaisissable. Par conséquent la saisie-arrêt pratiquée était nulle. M. C. s'est pourvu en cassation.

■ *Portée*

Instituée par la loi du 11 juillet 1975, la prestation compensatoire « destinée à compenser autant qu'il est possible la disparité que la rupture du mariage crée dans leurs conditions de vie respectives » (art. 270, C. civ.) a suscité des interrogations quant à sa nature auxquelles la Cour de cassation a répondu dans l'arrêt rapporté. En effet, pour rejeter le pourvoi, la Cour a considéré que les juges du fond avaient exactement relevé que si la prestation compensatoire présentait un caractère indemnitaire, elle présentait aussi un caractère alimentaire. Dès lors, en application de l'article 2092-2-2 ° du Code civil en vigueur, la rente allouée à titre de prestation compensatoire était insaisissable et ne pouvait donc faire l'objet d'une saisie-arrêt.

Par cette décision, la Haute juridiction a ainsi affirmé sans ambages le caractère indemnitaire et alimentaire de cette nouvelle prestation avant d'en tirer toutes les conséquences qui s'imposent et spécialement son insaisissabilité.

Réformée à l'occasion de la loi du 30 juin 2000 et de la loi du 26 mai 2004, la prestation compensatoire conserve aujourd'hui cette nature mixte. Néanmoins, il faut admettre que le caractère indemnitaire originel s'est estompé pour laisser la priorité au caractère alimentaire, permettant ainsi à la solution posée par l'arrêt de 1985 de conserver toute sa valeur. Pour preuve, elle est évaluée en prenant en compte à la fois les ressources du débiteur et les besoins du créancier. De même, les mécanismes de recouvrement direct des pensions alimentaires lui sont applicables. Elle est également indisponible ; un époux ne saurait y renoncer avant que toute procédure de divorce soit engagée. Enfin et surtout, elle reste toujours insaisissable par les créanciers. L'assimilation aux aliments n'est toutefois pas absolue car la prestation présente un dernier caractère qui lui reste propre : le caractère forfaitaire. Elle doit en principe être versée sous forme de capital, la rente est exceptionnelle. Réaffirmé en 2000 et en 2004, ce dernier aspect de la prestation compensatoire marque en définitive sa spécificité même si lui aussi n'a pas échappé à certains assouplissements comme par exemple l'admission de la révision de rente (art. 276-3, C. civ.).

Pour aller plus loin

- **Civ. 2e, 21 mars 1988** : un époux ne peut renoncer à une prestation compensatoire tant que la procédure de divorce n'a pas été engagée.
- **Civ. 2e, 9 juillet 1997** : le caractère alimentaire interdit au débiteur d'invoquer la compensation.
- **Com., 8 octobre 2003** : en raison de son caractère alimentaire, la prestation compensatoire n'a pas à être déclarée à la procédure collective de l'époux débiteur.

8 Civ. 1re, 6 juillet 2005

Extraits : « La Cour : (...) Mais sur le quatrième moyen : Vu les articles 266 et 1382 du Code civil ; Attendu que le prononcé du n'a pas pour objet la réparation d'un préjudice, que les dommages-intérêts prévus par l'article 266 du Code civil réparent le préjudice causé par la rupture du lien conjugal tandis que ceux prévus par l'article 1382 du même Code, réparent le préjudice résultant de toute autre circonstance ; Attendu que pour débouter Mme Le Y. de sa demande de dommages-intérêts fondée sur l'article 1382 du Code civil, la cour d'appel énonce que celle-ci n'établit pas l'existence d'un préjudice matériel et moral distinct de celui réparé par l'accueil de sa demande en divorce ; Qu'en statuant ainsi, la cour d'appel a violé les textes susvisés.
Par ces motifs : CASSE ET ANNULE, mais seulement en ce qu'il a rejeté la demande de dommages-intérêts de Mme Le Y., l'arrêt rendu entre les parties par la cour d'appel de Paris... ».

■ *Faits*

Le divorce est prononcé entre deux époux à leurs torts partagés. L'épouse demande l'octroi de dommages et intérêts sur le fondement de l'article 1382 du Code civil. Elle est déboutée par les juges du fond au motif qu'elle n'établit pas l'existence d'un préjudice matériel et moral distinct de celui réparé par l'accueil de sa demande en divorce.

Elle forme donc un pourvoi en cassation.

■ *Portée*

Dans l'arrêt rapporté, la Cour de cassation vient une nouvelle fois rappeler aux juges du fond le domaine d'application respectif des deux articles 266 et 1382 du Code civil destinés à réparer des dommages différents à l'occasion du prononcé d'un divorce. En l'espèce, censurant la décision de la cour d'appel de Paris, la Haute juridiction a considéré dans un attendu de principe que « le prononcé du divorce n'a pas pour objet la réparation d'un préjudice, que les dommages et intérêts prévus par l'article 266 du Code civil réparent le préjudice causé par la rupture du lien conjugal tandis que ceux prévus par l'article 1382 du même Code, réparent le préjudice résultant de toute autre circonstance ». La cassation était ici inévitable car les juges du fond avaient, semble-t-il, laissé entendre que le fait d'accueillir une demande en divorce constituait déjà en soi la réparation du préjudice. Une telle conception du divorce-réparation ne pouvait être admise.

Pour refuser à la demanderesse l'octroi de dommages et intérêts sur le fondement de l'article 1382, les juges du fond auraient dû constater l'absence de tout préjudice distinct de la dissolution du mariage. Faute de respecter les termes de la loi, les juges du fond doivent s'attendre à la sanction radicale de la Cour de cassation. Il est d'ailleurs étonnant que l'intervention de la Haute juridiction soit toujours nécessaire en la matière. L'alternative offerte par les textes ne devrait pas susciter tant de contentieux. De deux choses l'une, soit l'époux invoque un préjudice matériel ou moral causé par la dissolution du mariage et dans ce cas, il peut réclamer des dommages et intérêts à son conjoint lorsque le divorce a été prononcé à ses torts exclusifs ou lorsqu'il est demandeur à un divorce pour altération définitive du lien conjugal (art. 266, C. civ.), soit il invoque un préjudice distinct de la dissolution du mariage (comportement injurieux ou violent du conjoint pendant le mariage par exemple) et dans ce cas, le droit commun de la responsabilité délictuelle trouve à s'appliquer (art. 1382, C. civ.).

Il reste donc à espérer que la Cour de cassation soit entendue cette fois.

Pour aller plus loin

- **Civ. 2e, 27 janvier 2000** : octroi de dommages-intérêts sur le fondement de l'article 266 du Code civil lorsque la dissolution intervient après une longue période de vie commune.
- **Civ. 1re, 17 février 2004** : octroi de dommages-intérêts à l'épouse sur le fondement de l'article 1382 pour réparer le préjudice résultant de l'abandon par son mari au profit d'une maîtresse en lui laissant la charge de leur enfant handicapé.
- **Civ. 1re, 23 janvier 2007** : réparation du comportement fautif de l'époux sur le fondement de l'article 1382 du Code civil (abandon moral et financier de l'épouse après 15 ans de vie commune).
- **Civ. 1re, 5 novembre 2008** : nécessité pour le juge sous peine de cassation de préciser le fondement de la condamnation au paiement de dommages-intérêts.

La filiation par procréation

Chapitre 5

La filiation peut être définie comme le lien juridique qui unit un enfant à sa mère ou à son père. Elle peut résulter, soit de la procréation (naturelle ou artificielle), c'est-à-dire d'un lien de sang, soit de l'adoption, c'est-à-dire un acte de volonté. Entièrement réformé par l'ordonnance du 4 juillet 2005 et fondé sur un principe d'égalité, le droit de la filiation obéit désormais à un régime simplifié répondant ainsi aux évolutions de la société.

Basé à l'origine sur une distinction fondamentale entre filiation légitime issue du mariage et la filiation naturelle, hors mariage, la filiation par procréation posait des difficultés d'établissement et générait parfois des injustices. Aussi pour répondre aux exigences modernes d'égalité et de vérité biologique mais aussi aux contraintes européennes, de nombreuses réformes sont intervenues dont la jurisprudence témoigne.

1 Civ. 1re, 6 février 2008

« La Cour : ... Attendu qu'il résulte de ce texte que lorsqu'un enfant est décédé avant que sa naissance ait été déclarée à l'état civil et à défaut de production d'un certificat médical indiquant que l'enfant est né vivant et viable, l'officier de l'état civil établit un acte d'enfant sans vie qui énonce les jour, heure et lieu de l'accouchement que cet acte est inscrit à sa date sur les registres de décès ; Attendu que Mme Y., épouse X. est accouchée d'un fœtus sans vie de sexe féminin, pesant 286 grammes, après vingt et une semaines d'aménorrhée ; que n'ayant pu effectuer aucune déclaration à l'état civil, les époux X. ont, saisi le tribunal de grande instance aux fins qu'il soit ordonné à l'officier d'état civil d'établir un acte d'enfant sans vie conformément aux dispositions du 2e alinéa de l'article 79-1 du Code civil, en précisant que l'enfant se prénommait Z et se nommait X. ; que les époux X. ont été déboutés de leur demande ; Attendu que pour confirmer cette décision, l'arrêt attaqué énonce qu'il s'évince de l'article 79-1 du Code civil que pour qu'un acte d'enfant sans vie puisse être dressé, il faut reconnaître à l'être dont on doit ainsi déplorer la perte, un stade de développement suffisant pour pouvoir être reconnu comme un enfant, ce qui ne peut se décréter mais doit se constater à l'aune de l'espoir raisonnable de vie autonome présenté par le fœtus avant son extinction, qu'en l'état actuel des données de la science, il y a lieu de retenir, comme l'a fait l'officier d'état civil, le seuil de viabilité défini par l'OMS qui est de 22 semaines d'aménorrhée ou d'un poids du fœtus de 500 grammes et qu'en l'espèce ces seuils n'étaient pas atteints ; Qu'en statuant ainsi, alors que l'article 79-1, alinéa 2, du Code civil ne subordonne l'établissement d'un acte d'enfant sans vie ni au poids du fœtus, ni à la durée de la grossesse, la cour d'appel, qui a ajouté au texte des conditions qu'il ne prévoit pas, l'a violé ; Par ces motifs : CASSE ET ANNULE, en toutes ses dispositions, l'arrêt ».

■ *Faits*

Dans chacune des trois affaires soumises à la Cour de cassation, l'officier d'état civil avait refusé de dresser un acte d'enfant sans vie au motif que la mère avait accouché d'un fœtus sans vie, insuffisamment développé pour être reconnu comme un enfant. La Cour d'appel par trois arrêts avait écarté la requête des parents en se référant au seuil de viabilité fixé dans la circulaire interministérielle. La circulaire ne prévoyant l'établissement d'un acte d'enfant sans vie qu'à partir du seuil de 22 semaines d'aménorrhée ou de 500 grammes de poids, aucun enregistrement ne devant être fait par les services de l'état civil en dessous de ces seuils préconisés par l'OMS.

Ce raisonnement est censuré par la Cour de cassation dans les trois arrêts du 6 février 2008 posant, comme principe, pour motiver la cassation que « l'article 79-1, al. 2 du Code civil ne subordonne l'établissement d'un acte d'enfant sans vie ni au poids du fœtus, ni à la durée de la grossesse ».

■ *Portée*

Ces trois affaires concernant des décès périnataux posaient ainsi la question de savoir si la viabilité est une condition requise pour établir un acte d'enfant sans vie. Un tel acte, outre son rôle symbolique d'individualisation de l'enfant, emporte des conséquences juridiques non négligeables telles que la possibilité d'attribuer un prénom à l'enfant, l'inscription sur le livret de famille ou encore l'autorisation de réclamer le corps de l'enfant afin d'organiser des funérailles. En l'espèce, les autorités administratives françaises avaient choisi de se référer à la définition de la viabilité donnée en 1977 par l'OMS.

La Cour de cassation a privilégié une lecture littérale de l'article 79-1 du Code civil considérant que, dès lors que cette disposition ne subordonne pas l'établissement d'un acte d'enfant sans vie ni au poids du fœtus, ni à la durée de la grossesse, il ne revenait pas aux juges du fond d'apporter des limites là où la loi n'en prévoit pas.

Deux décrets et deux arrêtés du 20 août 2008 sont venus modifier les conditions d'établissement d'un tel acte. Le premier décret précise que l'acte d'enfant sans vie est dressé par l'officier d'état civil sur production d'un certificat médical mentionnant les heure, jour et lieu de l'accouchement. Ainsi, plus aucune référence à la viabilité n'est mentionnée. Le second décret modifie le régime du livret de famille pour permettre l'indication d'enfant sans vie, avec la date et le lieu de l'accouchement.

La solution adoptée par la Cour de cassation en matière civile contraste avec celle retenue par la Haute juridiction sur le plan pénal. En effet, cette dernière refuse de reconnaître l'existence d'un homicide involontaire lorsque la mort de l'embryon ou du fœtus a été provoquée par l'imprudence d'un tiers.

Pour aller plus loin

- **Cass. crim., 30 juin 1999** : refus d'appliquer l'article 221-6 du Code pénal à l'homicide involontaire en cas d'atteinte mortelle du fœtus.
- **CEDH, 8 juill. 2004, *V. c/France*** : ne viole pas l'article 2 de la Convention le système juridique qui, en présence d'autres garanties permettant la réparation du dommage, ne contient pas de recours de nature pénale pour sanctionner l'atteinte involontaire portée à la vie du fœtus.

2 Civ. 1re, 28 mars 2000

« LA COUR – Sur le moyen unique : Vu les art. 339 et 311-12, C. civ., ensemble l'art. 146 NCPC ; Attendu que l'expertise biologique est de droit en matière de filiation, sauf s'il existe un motif légitime de ne pas y procéder ; Attendu que Mme X. a donné naissance, le 29 oct. 1994, à un enfant prénommé Z qui a été reconnu dans l'acte de naissance par M. Y. ; que, le 26 juin 1995, elle a formé une action en contestation de cette reconnaissance et sollicité une expertise sanguine ; Attendu que, pour la débouter de sa demande, l'arrêt attaqué énonce que Mme X. ne rapporte pas la preuve du caractère mensonger de la reconnaissance et qu'une expertise médicale ne peut être ordonnée en vue de suppléer la carence de la partie dans l'administration de la preuve ; Attendu qu'en statuant ainsi, la cour d'appel a violé les deux premiers des textes susvisés par refus d'application et le troisième, par fausse application ;
Par ces motifs, CASSE [...], renvoie devant la Cour d'appel de Versailles [...] ».

■ *Faits*

Une femme donne naissance à un enfant naturel reconnu dans l'acte de naissance par un homme. Moins d'un an plus tard, la mère engage contre ce dernier une action en contestation de reconnaissance et sollicite une expertise sanguine. D'une manière classique, la Cour d'appel rejette ces demandes. Elle estime concernant l'action en contestation que la demanderesse « ne rapporte pas la preuve du caractère mensonger de la reconnaissance » et concernant la demande d'expertise que celle-ci « ne peut être ordonnée en vue de suppléer la carence de la partie dans l'administration de la preuve ».

Ce raisonnement est alors censuré par la Cour de cassation dans le présent arrêt.

■ *Portée*

La Cour de cassation était amenée à se prononcer sur la question de savoir si le juge, saisi d'une action d'état, est ou non tenu de prescrire une expertise biologique quand les parties le demandent.

Antérieurement à la loi du 8 janvier 1993, la Haute juridiction procédait à une distinction entre l'expertise qui avait pour objet d'établir l'existence d'une fin de non-recevoir, obligatoire pour le juge lorsqu'elle était demandée et l'expertise qui ne constituait qu'un moyen de preuve au fond à laquelle le juge n'était pas obligé de recourir. La loi du 8 janvier 1993, en supprimant les fins de non-recevoir en matière d'action en recherche de paternité et d'action à fins de subsides, devait bouleverser la donne. En effet, l'expertise biologique, en tant que moyen de preuve au fond, revêtait un caractère toujours facultatif pour le juge.

L'arrêt du 28 mars 2000 met un terme à cette situation en affirmant, au visa de l'article 311-12 du Code civil, que « *l'expertise biologique est de droit en matière de filiation, sauf s'il existe un motif légitime de ne pas y procéder* ». Incontestablement, cet arrêt marque avec force la place désormais prépondérante de la preuve biologique en droit de la filiation. Le « droit à l'expertise » affirmé n'est cependant pas absolu et le juge retrouve son pouvoir d'appréciation grâce à la réserve introduite dans l'arrêt : l'existence d'un « motif légitime de ne pas y procéder ».

Pour aller plus loin

- **Civ. 1re, 12 mai 2004** : cassation de l'arrêt qui rejette la demande d'expertise biologique au motif que n'étaient pas réunis les présomptions et indices graves permettant de déclarer l'action recevable.
- **Civ. 1re, 14 juin 2005** : caractérise le motif légitime de ne pas procéder à l'expertise biologique la Cour d'appel qui estime qu'elle serait vouée à l'échec en raison tant de l'absence de localisation du père que de l'impossibilité, faute d'éléments produits par la mère, de pratiquer cet examen sur un tiers pour pouvoir exclure la paternité du père de l'enfant.
- **Civ. 1re, 25 octobre 2005** : caractérisent le motif légitime de ne pas procéder à une expertise les juges du fond qui estiment qu'aucune des pièces produites ne permet de rapporter la preuve de relations intimes entre la mère et le père prétendu, alors qu'une relation de vingt-deux ans est alléguée.
- **Civ. 1re, 28 mai 2008** : le juge a le pouvoir d'ordonner d'office l'expertise biologique.

3 CEDH, 1er février 2000, *Mazurek c/France*

Extraits : La Cour constate que c'est en raison de sa condition d'enfant adultérin que le requérant a vu réduire de moitié, au profit de son demi-frère, la part de la succession à laquelle il aurait eu droit s'il avait été un enfant naturel ou légitime et que cette différence de traitement est expressément prévue par l'art. 760, C. civ. ; La Cour estime qu'il ne peut être exclu que le but invoqué par le Gouvernement, à savoir la protection de la famille légitime traditionnelle, puisse être considéré comme légitime ;
Reste la question de savoir, pour ce qui est des moyens employés, si l'instauration d'une différence de traitement entre enfants adultérins et enfants légitimes ou naturels, quant à la succession de leur auteur, apparaît proportionnée et adéquate par rapport au but poursuivi ; En tout état de cause, l'enfant adultérin ne saurait se voir reprocher des faits qui ne lui sont pas imputables, il faut cependant constater que le requérant, de par son statut d'enfant adultérin, s'est trouvé pénalisé dans le partage de la masse successorale ; La Cour conclut qu'il n'y a pas de rapport raisonnable entre les moyens employés et le but visé, et que, partant, il y a eu violation de l'art. 1 du protocole n° 1 combiné avec l'art. 14 de la Convention.

■ *Faits*

Mme Mazurek avait eu en 1936 un fils naturel, légitimé par son mariage en 1937, et un enfant né en 1942 et déclaré sous le seul nom de sa mère, toujours mariée bien que séparée de fait. Au décès de leur mère, le litige oppose les deux enfants à propos du partage de la succession de cette dernière.

L'arrêt confirmatif de la Cour d'appel de Nîmes du 29 mars 1994 fait application de l'article 760 du Code civil et décide en conséquence que les trois quarts de la succession devaient revenir à l'enfant légitimé et un quart seulement à l'enfant adultérin. Le pourvoi contre cette décision est rejeté par la Cour de cassation dans un arrêt du 25 juin 1996. Le requérant saisit alors la Cour EDH.

■ *Portée*

Dans cet arrêt de principe, en date du 1er février 2000, la Cour EDH condamne la France pour discrimination successorale à l'encontre des enfants adultérins. Le requérant victorieux a alors reçu une somme d'environ 500 000 francs au titre de la satisfaction équitable.

La loi du 3 janvier 1972, à laquelle on devait l'article 760 du Code civil, a réalisé à l'époque une grande réforme en reconnaissant des vocations héréditaires égales à tous les enfants, légitimes ou naturels et a réparé une grande injustice en appelant à la succession les enfants adultérins. Cependant, la promotion accordée à ces derniers a été assortie de restrictions destinées à protéger les intérêts du conjoint victime de l'adultère et ceux des enfants issus du mariage. En vertu de l'article 760 du Code civil, les enfants adultérins, lorsqu'ils se trouvent en concours avec des enfants légitimes, n'ont droit qu'à la moitié de la part de succession qu'ils auraient recueillie, s'ils avaient été eux-mêmes légitimes.

En l'espèce, la Cour EDH estime qu'il y a eu violation de l'article 1er du Protocole n° 1 selon lequel « *toute personne physique ou morale a droit au respect de ses biens* » et de l'article 14 de la Convention proclamant le principe de non-discrimination pour les droits garantis par le texte. Elle reconnaît « qu'il n'est pas exclu que le but invoqué par le gouvernement français » pour justifier la réduction de moitié subie par la part successorale de l'enfant adultérin, « à savoir la protection de la famille traditionnelle, puisse être considéré comme légitime ». Mais elle relève aussi « l'importance attachée de nos jours » à « l'égalité, en matière de droits civils, entre enfants issus du mariage et enfants nés hors mariage, pour les États membres du Conseil de l'Europe ». Elle déclare qu'elle « ne trouve en l'espèce aucun motif de nature à justifier une discrimination fondée sur la naissance hors mariage » et elle constate que le requérant s'est trouvé pénalisé dans le partage de la masse successorale « de par son statut d'enfant adultérin ». Elle conclut « qu'il n'y a pas de rapport raisonnable de proportionnalité entre les moyens employés et le but visé » et qu'il y a donc violation de l'article 1er du Protocole n° 1 et de l'article 14 de la Convention.

Pour n'avoir pas écarté l'application des règles discriminatoires figurant encore à l'époque dans le Code civil dans un arrêt du 3 mai 2000, la France a été de nouveau condamnée en vertu des principes retenus dans l'arrêt *Mazurek*, par un arrêt *Merger et Cros* du 22 décembre 2004.

Finalement, la loi du 3 décembre 2001 est venue réformer le droit des successions en améliorant de façon substantielle la place qui y était occupée aussi bien par le conjoint survivant que par l'enfant adultérin. Concernant ce dernier, elle a purement et simplement supprimé toutes les discriminations qui affectaient sa vocation successorale, mettant ainsi en conformité le statut de l'enfant adultérin avec les exigences exprimées par la Cour EDH dans l'arrêt *Mazurek*.

Pour aller plus loin

- **CEDH, 22 déc. 2004, *Merger et Cros c/France*** : condamnation de la France pour discrimination successorale à l'encontre d'un enfant adultérin.

4 CEDH, 13 février 2003, *Odièvre c/France*

La requérante reproche à la France de ne pas assurer le respect de sa vie privée par son système juridique qui, de manière absolue, fait obstacle à l'action en recherche de maternité lorsque la mère biologique a demandé le secret et qui, surtout, ne permet pas la communication de données identifiantes sur celle-ci, ni par l'intermédiaire des services d'aide sociale à l'enfance, ni par celui d'un autre organisme qui lui donnerait accès à ces renseignements.
La question à laquelle la cour doit répondre le droit de savoir signifie-t-il l'obligation de divulguer prend toute sa dimension dans l'examen de la loi du 22 janvier 2002 en particulier au regard de la marge d'appréciation de l'État.
En l'espèce, la cour observe que la requérante a eu accès à des informations non identifiantes sur sa mère et sa famille biologique lui permettant d'établir quelques racines de son histoire dans le respect de la préservation des intérêts des tiers.
Par ailleurs, le système mis en place par la France, s'il conserve le principe de l'admission de l'accouchement sous X, renforce la possibilité de lever le secret de l'identité qui existait au demeurant à tout moment avant l'adoption de la loi du 22 janvier 2002.
La nouvelle loi facilitera la recherche des origines biologiques grâce à la mise en place d'un Conseil national d'accès aux origines personnelles, organe indépendant.
D'application immédiate, elle peut désormais permettre à la requérante de solliciter la réversibilité du secret de l'identité de sa mère, sous réserve de l'accord de celle-ci, de manière à assurer équitablement la conciliation entre la protection de cette dernière et la demande légitime de la requérante et, il n'est même pas exclu, encore que cela soit peu probable, que, grâce au nouveau conseil institué par le législateur, la requérante puisse obtenir ce qu'elle recherche.
La législation française tente ainsi d'atteindre un équilibre et une proportionnalité suffisante entre les intérêts en cause. La cour observe à cet égard que les États doivent pouvoir choisir les moyens qu'ils estiment les plus adaptés au but de conciliation ainsi recherché.
Au total, la cour estime que la France n'a pas excédé la marge d'appréciation qui doit lui être reconnue en raison du caractère complexe et délicat de la question que soulève le secret des origines au regard du droit de chacun à son histoire, du choix des parents biologiques, du lien familial existant et des parents adoptifs.
Partant, il n'y a pas eu violation de l'article 8 de la convention.

■ *Faits*

Née sous « X » en 1965 puis adoptée plénièrement en 1969, la requérante a tenté, dès 1990 d'obtenir de l'Administration française des éléments concernant ses origines et notamment l'identité de sa mère biologique. Mais elle n'a pu obtenir que des renseignements non-identifiants, l'administration lui refusant le droit de connaître l'identité de ses parents.

Après des démarches judiciaires infructueuses, la requérante a déposé alors une requête devant la Cour européenne en 1998 en se fondant en particulier sur la violation de l'article 8 de la Convention.

■ *Portée*

La question sensible de l'accouchement sous X et du droit d'accès à ses origines personnelles ayant été alors très médiatisée, la décision de la Cour européenne était très attendue.

L'accouchement sous X est la possibilité pour une femme d'accoucher d'un enfant puis de l'abandonner sans que son identité soit ultérieurement révélée (art. 326, C. civ.). Son nom ne figurera pas dans l'acte de naissance et, en conséquence, la filiation ne pourra être établie à son égard.

L'impossibilité d'établir ultérieurement la filiation au cas où le secret de la mère serait percé était garantie par une fin de non-recevoir à toute action en recherche de maternité naturelle (art. 325, al. 1 anc., C. civ.).

Par cet arrêt du 13 février 2003, la Cour EDH va délivrer un brevet de conventionnalité à la loi française qui permet à la mère de demander et d'obtenir la préservation du secret de son identité au moment de l'accouchement.

Dans cette affaire, la Cour était amenée à se prononcer sur la question de savoir si l'État français avait violé l'un des droits garantis par le texte conventionnel en organisant le secret de la naissance.

Il convient de préciser qu'entre le dépôt de la requête et la décision de la Cour, la loi du 22 janvier 2002 est venue améliorer singulièrement la procédure de recherche de ses origines personnelles par un enfant né sous X en organisant la réversibilité du secret lorsque la mère d'origine accepte de livrer son identité.

Par cette décision, la Cour va rejeter la requête formée en s'appuyant sur différents arguments. Elle rappelle que l'article 8 protège un droit à l'identité et à l'épanouissement personnel au titre duquel figurent « l'établissement des détails de son identité d'être humain et l'intérêt vital... à obtenir des informations nécessaires à la découverte de la vérité concernant un aspect important de son identité personnelle, soit par exemple l'identité de ses géniteurs ».

Elle relève que la requérante a pu obtenir des informations non identifiantes sur sa mère et que la France, avec la loi du 22 janvier 2002, facilite l'accès à la recherche de ses origines biologiques.

Elle estime que la législation française, prise dans son ensemble, tente d'atteindre un équilibre et une proportionnalité suffisante entre les différents intérêts en cause.

Elle en conclut que la loi française qui fait obstacle à la recherche de maternité et ne permet pas de manière absolue l'accès à des données identifiantes sur la mère en cas d'accouchement sous X, n'est pas contraire à la Convention.

La Cour accorde également à l'État français une « certaine marge d'appréciation » en raison de la diversité de systèmes et traditions juridiques existant en Europe sur cette question.

Néanmoins, la décision qui a été prise à une courte majorité (10 voix contre 7), révèle l'embarras de la Cour européenne face à cette question délicate.

Depuis la législation française a fait l'objet de modifications. L'ordonnance du 4 juillet 2005 portant réforme de la filiation est venue confirmer le droit pour la femme qui accouche de garder l'anonymat.

Mais cette ordonnance continuait à affirmer que lorsque la mère use d'un tel droit, aucune action en recherche de maternité ne peut être intentée.

Sur ce point, la loi du 16 janvier 2009 portant ratification de l'ordonnance de 2005 est venue supprimer la fin de non-recevoir à l'action en recherche de maternité naturelle.

Cette suppression peut se justifier au regard de l'article 14 de la Convention EDH qui interdit toute discrimination fondée notamment sur le sexe car le père ne peut lui s'opposer à une action en recherche de paternité naturelle.

Il reste qu'une telle suppression n'a qu'une portée limitée dans la mesure où une action en recherche de maternité a peu de chance d'aboutir en raison des différents obstacles que peut rencontrer l'enfant.

Le principal obstacle juridique réside dans l'article 352 du Code civil qui énonce « le placement en vue de l'adoption met obstacle à toute restitution de l'enfant à sa famille d'origine.

Il fait échec à toute déclaration de filiation et à toute reconnaissance ».

Pour aller plus loin

- **Civ. 1re, 7 avril 2006** : reconnaissance prénatale d'un enfant né ultérieurement d'un accouchement sous « X ».
- **CEDH, 13 janv. 2009** : condamnation de l'Italie en raison de la brièveté du délai permettant à la mère, ayant accouché sous x, de revenir sur sa décision. Violation du droit au respect de la vie privée et familiale (Conv. EDH, art. 8).

5 Civ. 1re, 8 juillet 2009

La Cour : « Mais attendu que l'intervention des époux X, qui, en s'opposant à l'adoption plénière et en prétendant assurer la charge de l'enfant ou, au moins, créer des liens avec lui, forment des demandes propres, est une intervention principale ; qu'elle suppose la réunion d'un intérêt et d'une qualité pour agir ; que l'arrêt retient, d'abord, par motifs propres et adoptés, que, pour leur conférer qualité pour agir, doivent être établis le lien de filiation qui les unit à D ... X et celui allégué entre celle-ci et C [l'enfant] ; puis, que le nom de la mère ne figure pas dans l'acte de naissance de l'enfant et que celle-ci a, au contraire, souhaité que son identité ne soit pas connue, aucune reconnaissance ou possession d'état n'ayant en conséquence existé ; encore, que l'action n'est pas une contestation, prescrite, de l'immatriculation de l'enfant comme pupille de l'État, le 15 février 2006, ou de son placement, le 3 mai 2006, en vue de l'adoption ; que la cour d'appel a exactement déduit de ces éléments, sans que la modification, par la loi n° 2009-61 du 16 janv. 2009, de l'art. 326 du Code civil soit susceptible de modifier cette situation, qu'en l'absence de filiation établie entre leur fille et C, les époux X n'avaient pas qualité pour intervenir à l'instance en adoption ».

■ *Faits*

Un enfant né le 12 décembre 2005 dont la mère a demandé le secret de son identité a été remis le 14 décembre 2005 au service de l'aide sociale à l'enfance en vue de l'adoption. Immatriculé définitivement comme pupille de l'Etat le 15 février 2006, il a été placé en vue de son adoption, le 3 mai 2006, chez un couple marié, qui a formé alors une requête en adoption plénière. Prétendant être les grands-parents maternels de l'enfant, un couple ne pouvant contester ni la régularité de l'admission de l'enfant en qualité de pupille de l'Etat ni celle de son placement, est intervenu volontairement à l'instance en s'opposant à l'adoption et en affirmant vouloir assumer la charge de l'enfant.

La Cour d'appel de Paris a alors déclaré leur demande irrecevable et prononcé l'adoption plénière de l'enfant. Sa décision est confirmée par la première chambre civile dans l'arrêt du 8 juillet 2009.

■ *Portée*

Dans leur pourvoi, les grands-parents soutenaient que leur demande (la reconnaissance de leurs droits à l'égard de leur petit-fils) se rattachait par un lien suffisant à la requête en adoption. Mais sur ce point, la Haute juridiction considère que, en s'opposant à l'adoption de l'enfant et en prétendant créer des liens avec lui, les grands-parents formaient des « demandes propres » et devaient, en conséquence, apporter la preuve d'une qualité et d'un intérêt à agir. Or, en l'espèce, elle considère que les grands-parents n'avaient pas une telle qualité pour agir. Pour avoir intérêt à agir, encore fallait-il qu'ils fussent les grands parents. En effet, dès lors que le lien de filiation n'était ni établi ni susceptible de l'être entre la mère et l'enfant, le lien de parenté entre ce dernier et ses grands-parents ne l'était pas non plus. Ainsi, en accouchant sous X, la mère exerce son droit mais porte atteinte par là même aux droits du père et aujourd'hui aux grands-parents. De plus, la Cour de cassation considère qu'aucun des éléments de *la possession d'état n'était réuni. En effet, ni réputation (fama), ni comportement (tractatus), ni même nom (nomen)* n'étaient présents en l'espèce. Et surtout, la possession d'état ne peut établir un lien de filiation qu'entre un parent et un enfant, non un lien de parenté entre grands-parents et petits-enfants. Enfin, les grands-parents invoquaient le fait, que la modification de l'article 325 du Code civil par la loi n° 2009-61 du 16 janvier 2009 aboutissant à l'abandon de la fin de non-recevoir opposée à l'action en recherche de maternité en cas d'accouchement sous X, militait en faveur de la recevabilité de leur demande. Mais sur ce point, la première chambre civile estime que cette modification ne remet pas en cause la solution dégagée par les juges du fond. En effet, l'action en recherche de maternité ne peut être intentée que par le seul enfant, par l'intermédiaire de son représentant légal pendant sa minorité.

Reste alors la possibilité pour les grands-parents de saisir le juge aux affaires familiales sur le fondement de l'article 371-4 alinéa 2 du Code civil qui prévoit que « si tel est l'intérêt de l'enfant, le juge aux affaires familiales fixe les modalités des relations entre l'enfant et un tiers, parent ou non ». Il leur appartiendra alors d'apporter la preuve que l'intérêt de l'enfant commande la création de relations personnelles entre eux.

Pour aller plus loin

- **TGI Le Mans, 20 octobre 1982** : la procédure d'adoption n'exigeant pas l'intervention des grands-parents, l'absence de mention de leur existence n'est pas constitutive d'un dol.
- **Civ. 1re, 7 avril 2006, « *Affaire Benjamin* »** : la Cour de cassation a annulé l'adoption plénière d'un enfant, né sous X, que son père avait reconnu avant sa naissance mais qu'il n'avait pu retrouver avant son placement en vue de l'adoption.

6 Civ. 1re, 7 avril 2006

« Vu l'article 7.1 de la Convention de New York du 26 janvier 1990 relative aux droits de l'enfant, ensemble les articles 335, 336, 341-1, 348-1 et 352 du Code civil ;
Attendu que, selon le premier de ces textes, applicable directement devant les tribunaux français, l'enfant a, dès sa naissance et dans la mesure du possible, le droit de connaître ses parents ; qu'il résulte des autres dispositions visées que la reconnaissance d'un enfant naturel prend effet à la date de naissance de l'enfant dès lors qu'il a été identifié, que la filiation est divisible et que le consentement à l'adoption est donné par le parent à l'égard duquel la filiation est établie ; Attendu que le 13 mars 2000, M. X. a reconnu devant l'officier d'état civil l'enfant dont était enceinte Mme D. ; que le 14 mai 2000 est né Benjamin Damien Y., sa mère ayant demandé le secret de l'accouchement ; que l'enfant a été remis, ce même jour, au service de l'Aide sociale à l'enfance, admis à titre provisoire comme pupille de l'État puis, à titre définitif, le 17 juillet 2000 et placé, en vue de l'adoption, à effet du 28 octobre 2000 au foyer de M. et Mme Z. ; que le 26 juin 2000, M. X. a entrepris auprès du procureur de la République une démarche pour retrouver son enfant ; que l'ayant ultérieurement identifié, il a saisi le 18 janvier 2001 la cellule d'adoption du Conseil général d'une demande de restitution ; que le conseil de famille a donné son consentement à l'adoption projetée, le 26 avril 2001 ; que le tribunal de grande instance de Nancy a été saisi, par les époux Z., d'une requête en adoption plénière et par M. X. d'une demande en restitution de l'enfant ; que, par deux jugements du 16 mai 2003, le tribunal a, d'une part, rejeté la requête en adoption, celle-ci étant jugée contraire à l'intérêt supérieur de l'enfant d'être élevé par son père qui l'avait reconnu, et, d'autre part, après avoir admis les interventions volontaires des époux Z. et de l'association Enfance et familles d'adoption, ordonné la restitution de Benjamin Damien Y. à M. X., son père naturel ; Attendu que, pour déclarer irrecevable la demande de restitution formée par M. X., donner effet au consentement du conseil de famille à l'adoption et pour prononcer l'adoption plénière de Benjamin Damien Y. par les époux Z., le premier arrêt retient d'abord que la reconnaissance s'est trouvée privée de toute efficacité du fait de la décision de la mère d'accoucher anonymement, l'identification de l'enfant par sa mère, contenue dans la reconnaissance, étant devenue inopérante et ensuite que la reconnaissance paternelle n'est jamais devenue effective, l'enfant n'ayant été identifié qu'après son placement en vue de l'adoption ; que le second arrêt énonce, d'une part, que le consentement à adoption, donné le 26 avril 2001, par le conseil de famille, est régulier, la réclamation de M. X. ayant été faite le 19 janvier 2001, à une date où le placement antérieur en vue de l'adoption faisait obstacle à toute demande de restitution et d'autre part que l'adoption plénière est conforme à l'intérêt de l'enfant ; Qu'en statuant ainsi, alors que, l'enfant ayant été identifié par M. X. à une date antérieure au consentement à l'adoption, la reconnaissance prénatale avait établi la filiation

paternelle de l'enfant avec effet au jour de sa naissance, de sorte que le conseil de famille des pupilles de l'État, qui était informé de cette reconnaissance, ne pouvait plus, le 26 avril 2001, consentir valablement à l'adoption de l'enfant, ce qui relevait du seul pouvoir de son père naturel, la cour d'appel, qui a méconnu le droit de l'enfant de connaître son père déclaré, a violé les textes susvisés ; Par ces motifs, et sans qu'il soit nécessaire de statuer sur les autres griefs : CASSE ET ANNULE, dans toutes ses dispositions, les arrêts rendus le 23 février 2004, entre les parties, par la cour d'appel de Nancy ».

■ *Faits*

Benjamin est né sous X en mai 2000. Il est admis à titre définitif en qualité de pupille de l'État en juillet 2000 puis confié à un couple en vue de l'adoption en septembre 2000. Son père biologique ayant fait une reconnaissance prénatale en mars 2000, il entame des démarches en juin de la même année pour faire valoir les effets de sa reconnaissance.

Le 18 janvier 2001, le père saisit la cellule d'adoption du Conseil général d'une demande de restitution de l'enfant. Il se voit alors opposer la fin de non-recevoir de l'article 352 du Code civil, l'enfant ayant été placé en vue de son adoption. Le 26 avril 2001, le conseil de famille des pupilles de l'État donne son consentement à l'adoption et le 29 avril le couple dépose une requête en adoption.

Le tribunal de Nancy refuse de prononcer l'adoption et ordonne la restitution de l'enfant au père. En appel, la Cour infirme au motif que l'article 352 du Code civil fait obstacle à toute restitution et fait échec à toute reconnaissance. Cette dernière prononce alors l'adoption plénière au profit du couple.

Par l'arrêt du 7 avril 2006, la Cour de cassation tranche le conflit entre le père biologique et les adoptants potentiels de cet enfant.

■ *Portée*

Cet arrêt répond à la question de savoir quelle est la valeur qu'il convient d'attribuer à une reconnaissance prénatale effectuée par un homme dont l'enfant est né sous X par la suite. Sur cette question délicate, certaines juridictions du fond avaient considéré qu'une telle reconnaissance prénatale ne pouvait produire aucun effet direct dans la mesure où elle concerne l'enfant d'une femme qui, selon la loi, n'a jamais accouché.

Néanmoins, le droit au secret reconnu à la mère ne saurait priver le père de toute possibilité d'établir sa paternité. Encore faut-il, en présence d'un accouchement anonyme, que le père arrive à surmonter des obstacles quasi insurmontables. Il lui faudra tout d'abord retrouver l'enfant, ce qui sera très difficile, la mère ayant accouché sous X, en un lieu et à une date ignorés du père. Il lui faudra ensuite prouver l'identité de l'enfant retrouvé avec celui qu'il prétend être le sien. Conscients de ces difficultés, le législateur est venu insérer en 2002, un article 62-1 au sein du Code civil qui prévoit que « *Si la transcription de la reconnaissance paternelle s'avère impossible du fait du secret de son identité opposé par la mère, le père peut en informer le procureur de la République. Celui-ci procède à la recherche des date et lieu d'établissement de l'acte de naissance de l'enfant* ».

Mais alors, le père qui arrive à retrouver et à identifier l'enfant, peut-il bloquer le processus d'adoption et obtenir la restitution de l'enfant ? C'est sur ce point que se prononce la Cour de cassation dans cet arrêt du 7 avril 2006. Elle affirme que si l'enfant qui a fait l'objet d'une reconnaissance anténatale a été identifié à une date antérieure au consentement à l'adoption, cette reconnaissance prénatale « établit la filiation paternelle de l'enfant au jour de la naissance, de sorte que le conseil de famille des pupilles de l'État, qui était informé de cette reconnaissance ne pouvait plus (...) consentir valablement à l'adoption de l'enfant » car ce consentement « relevait du seul pouvoir de son père naturel ».

C'est un arrêt de la Cour d'appel de Reims du 12 décembre 2006 qui, constituant l'épilogue de cette affaire, a décidé conformément à l'accord des parties, de prononcer une adoption simple avec maintien des relations entre l'enfant et son père biologique. Cette solution présente le mérite de concilier le droit de la mère à garder le secret sur son accouchement et sur son identité et le droit du père d'établir sa paternité. Elle s'inscrit parfaitement dans les recommandations de l'article 7-1 de la Convention de New York du 26 janvier 1990 relative aux droits de l'enfant qui énonce que l'enfant a « *dans la mesure du possible, le droit de connaître ses parents et d'être élevé par eux* ».

Pour aller plus loin

- **Riom, 16 déc. 1997** : la reconnaissance prénatale par un homme d'un enfant né ultérieurement d'un accouchement « sous X » est sans effet direct puisqu'elle concerne l'enfant d'une femme qui, selon la loi, n'a jamais accouché.
- **Reims, 12 déc. 2006** : prononcé de l'adoption simple, avec maintien des relations entre l'enfant et son père biologique, conformément à l'accord des parties.
- **CEDH, 26 fév. 2004, *Görgülü c/Allemagne*** : viole l'article 8 de la Convention EDH une juridiction allemande qui a refusé de conférer au père biologique l'autorité parentale et un droit de visite, compte tenu des liens qui s'étaient formés entre l'enfant et la famille qui l'avait recueilli en vue de son adoption depuis un an et dix mois.

La filiation par adoption

Chapitre

6

Par définition, la filiation adoptive est une filiation élective. Basée sur un accord de volonté, elle implique un jugement d'adoption qui crée ainsi un lien de filiation purement artificielle entre le(s) adoptant(s) et l'adopté. Deux formes d'adoption sont prévues par la loi dont les conditions et surtout les effets diffèrent. Tandis que l'adoption simple maintient les liens de l'adopté avec sa famille biologique, l'adoption plénière, plus radicale, rompt les liens de l'enfant avec sa famille d'origine. Réformée à de nombreuses reprises, l'adoption a pour finalité principale de donner une famille à un enfant qui n'en a pas. Cependant aujourd'hui, l'établissement d'une filiation adoptive semble avoir un autre objectif : donner un enfant à une famille qui n'en a pas. Face à une telle évolution, la jurisprudence a donc été amenée à différentes reprises à rappeler les conditions légales de l'adoption pour éviter tout détournement de procédure et répondre au mieux à l'intérêt de l'enfant. Mais en outre et surtout, le droit français doit actuellement répondre à un autre enjeu de taille : sa conformité aux exigences européennes.

1 Ass. plén., 31 mai 1991

« La Cour ; [...] Attendu que la convention par laquelle une femme s'engage, fût-ce à titre gratuit, à concevoir et à porter un enfant pour l'abandonner à sa naissance contrevient tant au principe d'ordre public de l'indisponibilité du corps humain qu'à celui de l'indisponibilité de l'état des personnes ; Attendu, selon l'arrêt infirmatif attaqué que Mme X., épouse de M. Y., étant atteinte d'une stérilité irréversible, son mari a donné son sperme à une autre femme qui, inséminée artificiellement, a porté et mis au monde l'enfant ainsi conçu ; qu'à sa naissance, cet enfant a été déclaré comme étant né de Y., sans indication de filiation maternelle ; Attendu que, pour prononcer l'adoption plénière de l'enfant par Mme Y., l'arrêt retient qu'en l'état actuel des pratiques scientifiques et des mœurs, la méthode de la maternité substituée doit être considérée comme licite et non contraire à l'ordre public, et que cette adoption est conforme à l'intérêt de l'enfant, qui a été accueilli et élevé au foyer de M. et Mme Y. pratiquement depuis sa naissance ; qu'en statuant ainsi, alors que cette adoption n'était que l'ultime phase d'un processus d'ensemble destiné à permettre à un couple l'accueil à son foyer d'un enfant, conçu en exécution d'un contrat tendant à l'abandon à sa naissance par sa mère, et que, portant atteinte aux principes de l'indisponibilité du corps humain et de l'état des personnes, ce processus constituait un détournement de l'institution de l'adoption, la cour d'appel a violé les textes susvisés ; Par ces motifs, CASSE, mais seulement dans l'intérêt de la loi ».

■ *Faits*

Deux époux ont eu recours à une mère porteuse. Celle-ci avait accepté de porter pour leur compte un enfant conçu par insémination artificielle avec le sperme du mari. L'enfant a été déclaré comme né de son père biologique qui l'avait reconnu. La mère biologique ayant accouché sous X., aucune filiation maternelle n'était établie. L'épouse du père a déposé une requête en adoption plénière. Sa demande fut rejetée. Saisie, la cour d'appel de Paris prononça l'adoption et valida le recours à la maternité de substitution. Un pourvoi dans l'intérêt de la loi a été formé par le Procureur général près la Cour de cassation.

■ *Portée*

Faut-il admettre la maternité pour autrui ? Telle est la question fondamentale qui était posée à nouveau à la Cour de cassation. La Haute juridiction s'était déjà prononcée négativement dans un arrêt. Mais face à la résistance persistante de la Cour d'appel de Paris, favorable au procédé, une nouvelle décision s'imposait. C'est donc dans ce contexte particulier, et suite à un pourvoi formé dans l'intérêt de la loi, que l'Assemblée plénière de la Cour de cassation s'est prononcée. Sa décision est sans surprise : elle condamne fermement les maternités de substitution par un raisonnement en deux temps.

Tout d'abord dans un attendu de principe désormais célèbre, la Cour a considéré que « la convention par laquelle une femme s'engage, fût-ce à titre gratuit, à concevoir et à porter un enfant pour l'abandonner à sa naissance contrevient tant au principe d'ordre public de l'indisponibilité du corps humain qu'à celui de l'indisponibilité de l'état des personnes ». Elle met en avant la contrariété de la maternité pour autrui à deux principes fondamentaux de notre droit.

D'une part, la convention par laquelle la mère de substitution s'engage à porter un enfant et à le « livrer » porte atteinte au principe de l'indisponibilité du corps humain. L'enfant ne saurait être considéré comme un objet à livrer. Il est indisponible, hors du commerce juridique, peu importe que la convention soit à titre gratuit. D'autre part et enfin, la maternité pour autrui contrevient au principe de l'indisponibilité de l'état des personnes. La Cour avait déjà considéré en 1989 « que les conventions de mère porteuse ont pour but de faire venir au monde un enfant dont l'état ne correspondra pas à sa filiation réelle au moyen d'une renonciation et d'une cession également prohibées des droits reconnus par la loi à la future mère ».

La nullité de la convention étant acquise, la Haute juridiction se prononce sur le sort de l'adoption. Faisant preuve de fermeté, la Cour a jugé l'adoption illicite parce qu'elle représente « l'ultime phase d'un processus d'ensemble destiné à permettre au couple l'accueil à son foyer d'un enfant conçu en exécution d'un contrat tendant à l'abandon à sa naissance par sa mère ». En d'autres termes, il s'agit d'un véritable « détournement d'institution » qui ne saurait être cautionné par les magistrats. Certes la condamnation d'une telle pratique vaut seulement pour l'avenir. En l'espèce, l'adoption de l'enfant ne devait pas être remise en cause, la cassation obtenue à la suite d'un pourvoi dans l'intérêt de la loi ne remettant pas en cause la situation des parties.

La solution posée par la Haute juridiction a par la suite été consacrée par le législateur dans une des lois sur la bioéthique du 29 juillet 1994. L'article 16-7 du Code civil dispose désormais que « *toute convention portant sur la procréation ou la gestation pour le compte d'autrui est nulle* ». La loi démontre ainsi son refus de l'utilisation du corps humain comme outil de procréation. Le débat sur la maternité de substitution n'est pas clos.

2 Civ. 1re, 17 décembre 2008

LA COUR : Attendu le Ministère public peut agir pour la défense de l'ordre public à l'occasion de faits portant atteinte à celui-ci ; que toute convention portant sur la procréation ou la gestation pour le compte d'autrui est nulle ; Attendu que la Cour suprême de Californie a conféré à M. X., la qualité de père génétique et à Mme Y., son épouse, celle de mère légale des enfants à naître, portés par Mme Z., conformément à la loi de l'État de Californie qui autorise, sous contrôle judiciaire, la procédure de gestation pour autrui ; que sont nées A. et B. à. ; que leurs actes de naissance ont été établis selon le droit californien indiquant comme père, M. X... et comme mère, Mme X. ; que M. X. a demandé la transcription des actes au Consulat de France à Los Angeles, ce qui lui a été refusé ; qu'à la demande du Ministère public, les actes de naissance des enfants ont été transcrits, aux fins d'annulation, sur les registres de l'État civil de Nantes ; que le procureur de la République près le tribunal de grande instance de Créteil a fait assigner les époux X. pour demander cette annulation ; Attendu que, pour déclarer irrecevable, l'action du ministère public fondée sur une contrariété à l'ordre public, la cour d'appel retient que le ministère public ne contestait ni l'opposabilité en France du jugement américain, ni la foi à accorder, au sens de l'article 47 du Code civil, aux actes dressés en Californie, dans les formes usitées dans cet Etat ; qu'en se déterminant par ces motifs, alors qu'il ressort de ses propres constatations que les énonciations inscrites sur les actes d'état civil ne pouvaient résulter que d'une convention portant sur la gestation pour autrui, de sorte que le ministère public justifiait d'un intérêt à agir en nullité des transcriptions, la cour d'appel a violé les textes susvisés ;
Par ces motifs, [...], CASSE [...]

■ *Faits*

Un couple de français a conclu en Californie une convention de maternité pour autrui. Par la suite, la Cour suprême de l'État californien a déclaré les membres du couple comme le père biologique et la mère légale des deux enfants à naître. Muni de ce jugement, le père demande alors leur transcription sur les registres du service central de l'état civil de Nantes. Arguant d'une contrariété à l'ordre public, le Ministère public demande la nullité de cette transcription. Saisie de l'affaire, la Cour d'appel a estimé que son action était irrecevable, rejetant ainsi l'exception d'ordre public. Mais elle a également considéré que la non-transcription des actes de naissance aurait eu des conséquences contraires à l'intérêt supérieur de l'enfant. Le Ministère public forme alors un pourvoi en cassation.

■ *Portée*

Prohibée en France, la maternité pour autrui est parfaitement admise dans d'autres pays générant ainsi un tourisme procréatif comme le démontre les faits de l'espèce. Se posent alors les questions de l'état civil et de la filiation de ces enfants légalement conçus à l'étranger ?

Censurant la décision des juges du fond, la Cour de cassation a estimé que « le Ministère public justifie d'un intérêt à agir en nullité de la transcription en France d'un acte d'état civil quand les énonciations de cet acte ne peuvent résulter que d'une convention de gestation pour autrui effectuée en Californie ». La cassation prononcée pour violation des articles 423 du Code de procédure civile et 16-7 du Code civil, loin d'être surprenante, est donc lourde de sens. En rappelant l'intérêt à agir du Ministère public en la matière, la Haute juridiction démontre fermement sa volonté de faire respecter l'article 16-7 prohibant la gestation pour autrui et donc de protéger l'ordre public face à la poussée du fait accompli. L'enseignement de l'arrêt est clair : il n'est pas possible faire à l'étranger ce que l'ordre public français interdit pour mettre ensuite la justice française devant le fait accompli. Autoriser la transcription d'acte de naissance étranger reviendrait à contourner la prohibition française. L'ordre public serait alors privé de toute efficacité.

Aussi justifié soit-il, cet arrêt suscite toutefois des difficultés. En effet, comment tranchera la cour de renvoi ? Comment concilier en l'espèce les intérêts des enfants et les exigences de l'ordre public ? Le Ministère public n'aurait-il pas du former un pourvoi dans l'intérêt de la loi évitant ainsi la remise en cause éventuelle du statut juridique des enfants. En outre, et surtout, cette décision repose inévitablement la question de la prohibition de la gestation pour autrui et de son bien-fondé ? En effet, à l'heure de la révision des lois de bioéthique, différentes réflexions sont menées. Ainsi un groupe de travail sur la maternité pour autrui, constitué au Sénat, recommande de lever la prohibition absolue pour autoriser une telle pratique dans un cadre légal strictement déterminé. À l'inverse, l'Office parlementaire des choix scientifiques et technologiques, chargé de procéder à l'évaluation de la loi de bioéthique, est opposé à toute levée de la prohibition légale de la gestation pour autrui. Face à de telles divergences, la tâche du législateur ne sera sans doute pas aisée.

3 CA Paris, 18 mars 2010

***Extraits** : Considérant qu'en l'espèce, il est constant que c'est à la suite d'une convention de gestation pour autrui de Mme X a donné naissance à deux enfants qui sont issues de gamètes de M. X et d'une tierce personne et qui ont été remises aux époux X ; Considérant que, selon l'article 16-7 du Code civil, dont les dispositions, sont d'ordre public en vertu de l'article 16-9 du même code, toute convention portant sur la procréation ou sur la gestation pour le compte d'autrui est nulle ; que, dès lors, l'arrêt de la Cour supérieure de l'État de Californie, en ce qu'il a validé indirectement une convention de gestation pour autrui, est en contrariété avec la conception française de l'ordre public international ; qu'en conséquence, sans qu'il soit nécessaire de rechercher si une fraude à la loi a été réalisée, il y a lieu d'annuler la transcription, sur les registres du service central d'état civil français, des actes de naissance américains qui désignent Mme X comme mère des enfants et d'ordonner la transcription du présent arrêt en marge des actes de naissance annulés ; Considérant que les époux X, qui ne peuvent sérieusement prétendre ne pas avoir bénéficié d'un procès équitable, ne sont pas davantage fondés à soutenir qu'une telle mesure contrevient à des dispositions inscrites dans des conventions internationales et des textes de droit interne ; qu'en effet, les notions qu'ils invoquent, en particulier celle de l'intérêt supérieur de l'enfant, ne sauraient permettre, en dépit des difficultés concrètes engendrées par une telle situation, de valider a posteriori un processus dont l'illégalité, consacrée par le législateur français à la suite du juge, ressortit, pour l'heure, au droit positif ; qu'en outre, l'absence de transcription n'a pas pour effet de priver les deux enfants de leur état civil américain et de remettre en cause le lien de filiation qui leur est reconnu à l'égard des époux X par le droit californien ; Par ces motifs, infirme le jugement déféré. Statuant à nouveau, Déclare recevable l'action du ministère public. Annule la transcription, sur les registres du service central d'état civil de Nantes, des actes de naissance établis dans le comté de San Diego (Californie) et désignant M. X et Mme X en qualité de père et mère des enfants (...)*

■ *Faits*

À la suite d'une convention de mère porteuse conclue en Californie, un couple français s'est heurté, à leur retour en France, au Ministère public qui demandait la nullité de la transcription des actes de naissance de leurs deux enfants sur les registres français d'état civil. La Cour d'appel de Paris avait alors tout d'abord déclaré la demande du Ministère public irrecevable au motif qu'il ne contestait ni l'opposabilité en France du jugement américain, ni la foi accordée aux actes dressés en Californie. Saisie, la Cour de cassation avait censuré cette décision et considéré que le

Ministère public est recevable à agir contre la transcription d'actes d'état civil résultant d'une convention de mère porteuse prohibée en France. Il restait donc à la Cour de renvoi de se prononcer sur le fond du litige. C'est donc ce qu'a fait la Cour de Paris, autrement composée, dans l'arrêt du 18 mars 2010.

■ *Portée*

Par cette décision, la Cour d'appel de Paris revient sur la célèbre « affaire des jumelles américaines ». Elle se devait en l'espèce de répondre à la question suivante : les actes de naissance américains des deux enfants nées d'une mère porteuse peuvent-il être transcrits sur les registres français ? La réponse négative de la cour ne surprend pas. Le raisonnement suivi par les magistrats est en effet implacable. Les actes de naissance américains, attribuant la maternité des deux fillettes à la femme française, ne sauraient être transcrits sur les registres français de l'état civil car ils ont été établis en application d'une décision de justice étrangère, qui en validant indirectement une convention de gestation pour autrui, est en contradiction avec la conception française de l'ordre public international. La cour se fonde ainsi sur le caractère indissociable des actes de l'état civil litigieux avec la décision américaine qui en est le soutien. Une telle solution est sans surprise car, à deux reprises, les juges du fond avaient déjà ordonné la rectification de la transcription d'un acte de naissance américain dans des espèces similaires. Le fondement invoqué par les magistrats reste toutefois essentiel. L'exception de l'ordre public international vient expressément justifier la décision d'annulation de la transcription des actes de naissance. En son nom, il est donc fait échec à la décision américaine contraire à un principe fondamental du droit positif français : la prohibition de la gestation pour autrui (art. 16-7, C. civ.). La Cour d'appel de Paris suit en cela la Haute de juridiction et refuse à son tour la pratique du *« fait internationalement accompli »*.

Restait à savoir si une telle solution n'était pas contraire aux intérêts supérieurs de l'enfant. Très attendue sur ce point, la Cour de Paris a une fois encore répondu sans ambiguïté. Elle a jugé que « L'absence de transcription n'a pas pour effet de priver les deux enfants de leur état civil américain et de remettre en cause leur lien de filiation qui leur est reconnu à l'égard des époux par le droit californien ». En définitive, les enfants pourront valablement utiliser leur acte de naissance américain dont la transcription n'est pas obligatoire. Tout au plus, devront-ils le cas échéant demander des extraits à l'autorité étrangère. La contrainte est mesurée au regard de la situation née d'une violation délibérée de la loi française. Poursuivant l'œuvre de la Haute juridiction, la Cour d'appel de Paris a simplement démontré qu'il n'est pas possible d'accepter toute situation au seul motif qu'elle est constituée légalement à l'étranger. Admettre le contraire reviendrait à dénier à l'ordre public international toute valeur. Est-ce là pour autant le dernier épisode de l'affaire des jumelles américaines ? Rien n'est moins sûr. La Cour européenne des droits de l'homme pourrait être saisie...

4 CEDH, 26 février 2002, *Fretté c/France*

Extraits *« A. Applicabilité de l'article 14 combiné avec l'article 8*
32. (...) La Cour rappelle que la Convention ne garantit pas, en tant que tel, un droit d'adopter (...). Par ailleurs, le droit au respect d'une vie familiale présuppose l'existence d'une famille et ne protège pas le simple désir de fonder une famille.
(...) En l'espèce, le rejet de la demande d'agrément du requérant ne saurait en soi être considéré comme portant atteinte au droit du requérant au libre développement et épanouissement de sa personnalité ou à la manière dont il mène sa vie, en particulier sa vie sexuelle.
(...) La Cour convient que les autorités administratives et judiciaires françaises ont motivé leur refus par le « choix de vie » du requérant, sans jamais expressément mentionner son homosexualité. (...)
Le droit garanti au requérant par l'article 343-1 du Code civil, qui tombe sous l'empire de l'article 8 de la Convention, est dès lors atteint sur le fondement déterminant de son orientation sexuelle.
33. Partant, l'article 14 de la Convention, combiné avec l'article 8, trouve à s'appliquer.
B. Observation de l'article 14 combiné avec l'article 8
38. (...) Selon la Cour, il est indéniable que les décisions de rejet de la demande d'agrément poursuivaient un but légitime : protéger la santé et les droits des enfants pouvant être concernés par une procédure d'adoption, pour laquelle l'octroi d'agrément constitue en principe une condition préalable.
39. (...) Le droit de jouir des droits garantis par la Convention sans être soumis à discrimination est également transgressé lorsque, sans justification objective et raisonnable, les États n'appliquent pas un traitement différent à des personnes dont les situations sont sensiblement différentes.
40. (...) Cependant, les États contractants jouissent d'une certaine marge d'appréciation pour déterminer si et dans quelle mesure des différences entre des situations à d'autres égards analogues justifient des distinctions de traitement juridique.
41. (...) Dès lors que les questions délicates soulevées en l'espèce touchent à des domaines où il n'y a guère de communauté de vues entre les États membres du Conseil de l'Europe et où, de manière générale, le droit paraît traverser une phase de transition, il faut donc laisser une large marge d'appréciation aux autorités de chaque Etat (...).
42. (...) Force est de constater que la communauté scientifique – et plus particulièrement les spécialistes de l'enfance, les psychiatres et les psychologues – est divisée sur les conséquences éventuelles de l'accueil d'un enfant par un ou des parents homosexuels, compte tenu notamment du nombre restreint d'études scientifiques réalisées sur la question à ce jour. S'ajoute à

cela les profondes divergences des opinions publiques nationales et internationales, sans compter le constat de l'insuffisance du nombre d'enfants adoptables par rapport aux demandes.
Dans ces conditions, les autorités nationales, notamment le Conseil d'État en se fondant entre autres sur les conclusions pondérées et circonstanciées du commissaire du Gouvernement, ont légitimement et raisonnablement pu considérer que le droit de pouvoir adopter dont le requérant se prévalait selon l'article 343-1 du Code civil trouvait sa limite dans l'intérêt des enfants susceptibles d'être adoptés, nonobstant les aspirations légitimes du requérant et sans que soient remis en cause ses choix personnels.
Si l'on tient compte de la grande marge d'appréciation à laisser ici aux États et de la nécessité de protéger les intérêts supérieurs des enfants pour atteindre à l'équilibre voulu, le refus d'agrément n'a pas transgressé le principe de proportionnalité.

■ *Faits*

En octobre 1991, le requérant, célibataire, formule une demande d'agrément préalable en vue de l'adoption d'un enfant conformément à l'article 353-1 du Code civil.

Au cours de la procédure, il dévoile son homosexualité.

Par décision du 3 mai 1993, il se voit refuser le bénéfice de l'agrément.

Le tribunal administratif saisi, par un jugement du 25 janvier 1995, annule les décisions refusant l'agrément parce que le rapport social « s'interrogeait exclusivement sur la compatibilité d'un projet d'adoption avec des particularités constituées par le fait d'être un homme célibataire homosexuel ».

Ce jugement est alors annulé par le Conseil d'État, le 9 octobre 1996, au motif que le demandeur « eu égard à ses conditions de vie et malgré des qualités humaines et éducatives certaines ne présentait pas des garanties suffisantes sur les plans familial, éducatif et psychologique pour accueillir un enfant adopté ».

Le requérant invoque, à titre principal, devant la Cour européenne que le rejet de sa demande d'agrément en vue d'une adoption, implicitement fondé sur son homosexualité, revient à exclure toute possibilité d'adoption à une catégorie de personnes présentant une certaine orientation sexuelle et par voie de conséquence, constitue une discrimination fondée sur son homosexualité, contraire à l'article 14 combiné avec l'article 8 de la Convention.

■ *Portée*

Par cet arrêt *Fretté c/France*, la Cour EDH se prononce, pour la première fois, sur la question de l'adoption par un célibataire homosexuel et plus précisément sur la question de savoir si les homosexuels font l'objet d'une discrimination condamnable lorsqu'ils se trouvent confrontés à un refus d'agrément à l'adoption fondé sur leur homosexualité alors que l'adoption est autorisée en faveur d'une personne célibataire en droit français.

La Cour s'interroge, au préalable, sur l'applicabilité des articles invoqués par le requérant aux faits dont elle est saisie.

Après avoir rappelé dans un premier temps que la Convention ne garantit pas, en tant que tel, un droit à l'adoption et que le droit au respect de la vie familiale présuppose l'existence d'une famille et ne protège pas le simple désir de fonder une famille, elle considère, dans un second temps, que l'article 343-1 du Code civil autorisant toute personne célibataire à former une demande d'adoption, sous réserve de l'obtention de l'agrément administratif préalable, constitue un droit tombant sous l'empire de l'article 8 de la Convention.

Se fondant sur les motifs du refus d'agrément qui renvoient incontestablement à son homosexualité, la Cour affirme que le droit garanti au requérant par la législation française a été atteint sur le fondement de son orientation sexuelle et que, de ce fait, l'article 14 de la Convention combiné avec l'article 8, trouve à s'appliquer.

La Cour doit alors se prononcer sur le fait de savoir si la différence de traitement dans l'exercice du droit d'adopter était ou non discriminatoire.

Elle commence par affirmer que, parce qu'elles visent à protéger la santé et les droits des enfants potentiellement concernés par la procédure d'adoption, les décisions de rejet de la demande d'agrément poursuivent un but légitime.

Elle poursuit en reconnaissant qu'il convient, en la matière, de reconnaître aux autorités de chaque État une large marge d'appréciation.

Par voie de conséquence, elle estime, par cet arrêt du 26 février 2002, que les autorités nationales françaises « ont légitimement et raisonnablement pu considérer que le droit de pouvoir adopter dont le requérant se prévalait..., trouvait sa limite dans l'intérêt des enfants susceptibles d'être adoptés... » et que « la différence de traitement litigieuse n'est pas discriminatoire au sens de l'article 14 de la Convention ».

Toutefois, cette décision qui n'a été adoptée qu'à la majorité de 4 voix contre 3, témoigne de l'embarras des juges européens sur ce sujet qui peut alors permettre de comprendre le revirement opéré par la Cour dans un arrêt *E. B c/France* du 22 janvier 2008.

Pour aller plus loin

- **CEDH, 22 janv. 2008, *E. B. c/France*** : condamnation de la France pour refus d'agrément fondé sur l'orientation sexuelle de la requérante.

5 CEDH, 22 janvier 2008, *E. B. /France*

Extraits : *« Une distinction est discriminatoire, au sens de l'article 14 de la CEDH, si elle manque de justification objective et raisonnable, c'est-à-dire si elle ne poursuit pas un « but légitime » ou s'il n'y a pas de « rapport raisonnable de proportionnalité entre les moyens employés et le but visé ». Lorsque l'orientation sexuelle est en jeu, il faut des raisons particulièrement graves et convaincantes pour justifier une différence de traitement s'agissant de droits tombant sous l'empire de l'article 8. Si les raisons avancées pour une telle distinction se rapportaient uniquement à des considérations sur l'orientation sexuelle d'une requérante, la différence de traitement constituerait une discrimination au regard de la CEDH. Le droit français autorise l'adoption d'un enfant par un célibataire ouvrant ainsi la voie à l'adoption par une personne célibataire homosexuelle, ce qui n'est pas contesté. Compte tenu de cette réalité du régime légal interne, les raisons avancées par le gouvernement ne sauraient être qualifiées de particulièrement graves et convaincantes pour justifier le refus d'agrément opposé à la requérante. Les dispositions pertinentes du Code civil restent muettes quant à la nécessité d'un référent de l'autre sexe, cette dernière ne dépendant de toute façon pas des orientations sexuelles du parent célibataire adoptif. En l'espèce, qui plus est, la requérante présentait, pour reprendre les termes de l'arrêt du Conseil d'État, « des qualités humaines et éducatives certaines », ce qui servait assurément l'intérêt supérieur de l'enfant, notion clé des instruments internationaux pertinents. Force est donc de constater que les autorités internes ont, pour rejeter une demande d'agrément en vue d'adopter présentée par la requérante, opéré une distinction dictée par des considérations tenant à son orientation sexuelle, distinction qu'on ne saurait tolérer d'après la CEDH. En conséquence, la Cour estime que la décision litigieuse est incompatible avec les dispositions de l'article 14 combiné avec l'article 8. Partant, il y a eu violation de l'article 14 de la CEDH, combiné avec l'article 8 ».*

■ *Faits*

Une femme vivant en concubinage homosexuel a déposé une demande d'agrément pour adopter un enfant. Le président du Conseil général lui a notifié une décision de refus au motif que « son projet d'adoption révèle l'absence d'image ou de référents paternels susceptibles de favoriser le développement harmonieux d'un enfant adopté » et que « la place qu'occuperait (son) amie dans la vie de l'enfant n'est pas suffisamment claire ».

Saisi d'un recours en annulation, le tribunal administratif a fait droit à sa demande au motif que Mlle B. présente des garanties suffisantes sur les plans familial, éducatif et psychologique pour accueillir un enfant adopté ». La décision est réformée en appel et, le Conseil d'État rejette le pourvoi de la requérante au motif d'une part, que rien n'interdit à l'autorité administrative de vérifier si la personne candidate à l'adoption peut offrir dans sa famille ou dans son entourage une image ou un référent paternel et, d'autre part, qu'en considérant la relation homosexuelle dans laquelle elle est engagée au regard des besoins et des intérêts de l'enfant adopté, la juridiction d'appel n'a, ni fondé sa décision sur une position de principe concernant ses orientations sexuelles, ni violé les articles 8 et 14 de la CEDH.

La requérante a saisi la Cour de Strasbourg en alléguant avoir subi un traitement discriminatoire fondé sur son orientation sexuelle et portant atteinte à son droit au respect à la vie privée. Sa requête est accueillie par la Cour qui estime, par dix voix contre sept, qu'il y a eu violation de l'article 14 de la Convention combiné avec l'article 8.

■ *Portée*

Six ans après l'arrêt *Fretté c/France*, la Cour européenne était amenée à se prononcer sur la question d'une discrimination résultant d'un refus d'agrément à l'adoption fondé sur l'orientation sexuelle du requérant. La Cour réaffirme que le droit d'adopter se trouve exclu du champ d'application de la vie familiale. Mais pour appliquer l'article 8 à la demande d'agrément à l'adoption, la Cour constate que « la législation française accorde expressément aux personnes célibataires le droit de demander l'agrément en vue d'adopter et établit une procédure à cette fin ».

Dès lors, elle estime que « les circonstances de l'espèce tombent sous le coup de l'article 8 ». La Cour estime alors que l'État français qui est allé au-delà de ses obligations découlant de l'article 8 en reconnaissant le droit pour les personnes célibataires d'adopter un enfant, ne peut prendre ensuite des mesures discriminatoires dans sa mise en application. L'influence de l'homosexualité de la requérante sur l'appréciation de sa demande est avérée et a revêtu un caractère décisif. La requérante a donc fait l'objet d'une différence de traitement fondée sur son orientation sexuelle. Or cette discrimination ne peut être justifiée en l'espèce puisque le droit français autorisant l'adoption d'un enfant par une personne célibataire, ouvre la porte à l'adoption par une personne célibataire homosexuelle. La France est condamnée pour avoir ajouté des conditions fondées sur l'homosexualité de la requérante et qui sont nécessairement absentes en situation de célibat tel que l'attitude la compagne et l'absence de référent paternel. Cette affaire témoigne du fait que l'adoption par une personne célibataire homosexuelle demeure en France un véritable parcours du combattant et permet de comprendre la volonté des couples homosexuels désirant devenir parents d'user à cette fin de voies détournées telles que l'adoption de l'enfant du partenaire ou la délégation de l'autorité parentale.

6 TA Besancon, 10 novembre 2009

Texte intégral : – Quant au décalage entre la requérante et sa compagne concernant leur positionnement respectif vis-à-vis de l'enfant à adopter, le tribunal estime que, au vu des rapports de la psychologue et de l'assistante sociale, « l'engagement de Mme R. (la compagne) dans le projet d'adoption apparaît réel et les fonctions de chacun des membres du couple suffisamment définies ; que si l'assistante sociale relève effectivement que Mme R. se positionne en tiers dans la relation mère-enfant, elle n'en tire pour autant aucune conclusion négative ; qu'ainsi le motif retenu par le président du conseil général du Jura relatif au positionnement de Mme R. au regard du projet d'adoption n'était pas susceptible de fonder la décision litigieuse ».

- Concernant les différences notables qui apparaîtraient quant au projet d'adoption entre la requérante et sa compagne, le tribunal constate qu'elle se résume à une « divergence alléguée concernant l'âge de l'enfant ». Or, selon le tribunal, cette divergence « n'est pas à elle seule de nature à justifier un refus d'agrément alors que par ailleurs les rapports réalisés par le psychologue et l'assistance sociale sont favorables à la demande d'agrément pour l'adoption présentée par Mme B. et que le couple formé par Mme B. et sa compagne, dont la démarche en vue d'adoption s'inscrit dans la durée, présente une solidité certaine ».

■ *Faits*

Le litige opposait d'un côté le président du Conseil général du Jura et de l'autre une femme vivant en couple homosexuel, qui sollicitait l'agrément pour adopter un enfant. Le président du Conseil général avait basé son refus de délivrance de l'agrément, non pas en raison de l'orientation sexuelle de la requérante mais sur « un décalage entre les deux femmes concernant leur positionnement respectif vis-à-vis de l'enfant à adopter » et un désaccord quant à l'âge de l'enfant. Procédant à une analyse des rapports de la psychologue et de l'assistante sociale, le tribunal administratif de Besançon estime, d'une part, que les fonctions de chacun des membres du couple sont suffisamment définies et que dès lors « le motif retenu par le président du Conseil général du Jura relatif au positionnement de la compagne de la requérante au regard du projet d'adoption n'était pas susceptible de fonder la décision litigieuse » et, d'autre part, que la divergence toute relative quant à l'âge de l'enfant à adopter, n'est pas suffisante pour refuser l'agrément en vue de l'adoption, les rapports réalisés étant favorables à la demande d'agrément pour l'adoption présentée par la requérante et le couple formé entre celle-ci et sa compagne présentant une solidité certaine. C'est pourquoi, la décision du président du conseil général est annulée par le tribunal administratif de Besançon, qui enjoint à ce dernier de délivrer l'agrément à la requérante.

■ *Portée*

Cette décision du tribunal administratif de Besançon constitue le dernier épisode d'une affaire ayant donné lieu à une condamnation de la France par la Cour européenne des droits de l'homme (*cf. B c/France, 22 janvier 2008, n° 5*).

Saisie d'une requête fondée sur une violation des articles 8 et 14 de la Convention, la Cour européenne avait estimé que la référence implicite à l'homosexualité de l'intéressée et son influence sur l'appréciation de la demande d'agrément avaient revêtu un caractère décisif. Cette différence de traitement étant uniquement fondée sur l'orientation sexuelle, et l'un des motifs du refus d'agrément (l'absence de référent paternel) étant illégitime, la Cour avait constaté une violation de l'article 14 combiné avec l'article 8. Le droit français autorise l'adoption d'un enfant par un célibataire et ouvre ainsi la voie à l'adoption par une personne célibataire homosexuelle, le législateur n'ayant pas exigé la nécessité d'un référant d'un autre sexe.

Ce jugement du 10 novembre 2009 est conforme aux exigences de la jurisprudence européenne en ce qu'il suggère que l'orientation sexuelle du demandeur célibataire à l'adoption ne peut, à elle seule, justifier un refus d'agrément. En effet, il laisse apparaître que désormais tout célibataire a vocation à adopter un enfant dans les conditions légales dès lors qu'il en va de l'intérêt supérieur de l'enfant sans que l'on puisse le discriminer sur son mode de vie. Cette décision alimente également le débat sur la question de l'adoption par un couple homosexuel et plus généralement sur l'homoparentalité car en accordant l'agrément à une femme homosexuelle vivant en couple avec une autre femme, le juge administratif admet que le fait d'être élevé par un couple homosexuel n'est nullement contraire à l'intérêt de l'enfant. Mais cette décision n'affirme nullement un droit à l'adoption et ne préjuge en rien de la décision finale du tribunal de grande instance. En outre, une modification de la loi en ce sens n'apparaît pas à l'ordre du jour. Toutefois, ce jugement alimentera certainement la réflexion qui devrait avoir lieu en 2011 à l'occasion de la révision des lois sur la bioéthique.

7 Civ. 1re, 8 octobre 2008

Extraits : *« Sur le moyen unique, pris en ses deux branches : Attendu qu'Amandine X..., née le 16 mai 1978, atteinte d'autisme, a été placée sous tutelle le 19 décembre 1996 ; que son père, agissant en qualité d'administrateur légal sous contrôle judiciaire de sa fille, a déposé, le 21 juin 2006, une requête tendant à la désignation d'un administrateur ad hoc aux fins de consentir à l'adoption simple d'Amandine par sa nouvelle épouse ; Attendu que M. X... fait grief au jugement attaqué d'avoir rejeté sa demande (...). Mais attendu que le consentement d'un majeur protégé à sa propre qui est un acte strictement personnel ne peut être donné en ses lieu et place par son tuteur ; que le juge des tutelles, sur avis du médecin traitant, peut autoriser le majeur protégé, seul ou avec l'assistance du tuteur ou de la personne qui en tient lieu, à consentir à sa propre adoption ; qu'ayant relevé que le psychiatre, commis en qualité d'expert par le juge des tutelles, a constaté, dans son certificat médical du 18 octobre 2004, qu'Amandine n'était pas en mesure d'organiser un raisonnement, un jugement ou d'exprimer une volonté élaborée et qu'elle ne pouvait consentir à l'adoption projetée, le tribunal de grande instance en a déduit à bon droit que la maladie dont elle souffrait ne permettait pas l'application des dispositions de l'article 501 du Code civil ; que le moyen n'est fondé en aucune de ses branches ; Par ces motifs : REJETTE le pourvoi ».*

■ *Faits*

Une jeune fille atteinte d'autisme est placée sous tutelle. Dix ans plus tard, son père, agissant en qualité d'administrateur légal sous contrôle judiciaire, a déposé une requête tendant à la désignation d'un administrateur *ad hoc* aux fins de consentir à l'adoption simple de sa fille par sa nouvelle épouse ; la mère de la jeune fille étant décédée depuis plusieurs années. La demande est rejetée au motif qu'aucun texte n'autorise le juge des tutelles à désigner un tiers pour suppléer l'absence de consentement d'un majeur protégé à sa propre adoption. L'affaire est portée devant la Cour de cassation.

■ *Portée*

Dans l'arrêt reproduit, la Cour de cassation a eu à se prononcer sur un problème juridique relevant à la fois du droit des incapacités et du droit de l'adoption puisqu'il s'agissait de statuer sur l'adoption simple d'un majeur sous tutelle. Plus précisément, qui devait en l'espèce consentir à cette adoption ? La jeune femme majeure sous tutelle ou au contraire un administrateur *ad hoc* désigné par le juge des tutelles comme le souhaitait le père de l'adopté ?

Le juge des tutelles avait opté pour la première solution constatant toutefois, après expertise médicale, l'incapacité de la jeune fille à exprimer son consentement. La Cour de cassation a approuvé un tel raisonnement par deux motifs incontestables.

En premier lieu, elle a affirmé que le consentement d'un mineur protégé à sa propre adoption est un acte strictement personnel qui ne peut donc être donné en ses lieu et place par son tuteur.

En second lieu, en se fondant cette fois sur l'article 501 du Code civil (qui permet au juge des tutelles de tempérer l'incapacité du majeur), la Cour a précisé que l'expertise psychiatrique concluant que la majeure protégée n'était pas en mesure d'organiser un raisonnement, un jugement ou d'exprimer une volonté élaborée, la jeune fille ne pouvait donc pas en l'espèce consentir à l'adoption projetée. Fort de tous ces éléments, l'adoption simple était donc impossible et le pourvoi rejeté.

Cet arrêt dont la motivation juridique est indiscutable est particulièrement intéressant car la Cour de cassation semble ici avoir choisi d'appliquer par anticipation le nouvel article 458, alinéa 2 du Code civil issu de la loi du 5 mars 2007 et entrée en vigueur seulement le 1er janvier 2009. En effet, ce texte qualifie expressément « d'acte strictement personnel » le consentement d'un majeur protégé à sa propre adoption ou à celle de son enfant, de telle sorte qu'il ne peut jamais donner lieu à assistance ou représentation de la personne protégée. En définitive, le principe paraît clairement posé tant par la Haute juridiction que par le nouveau texte du Code civil : le majeur protégé peut seul consentir à sa propre adoption. Par conséquent, à défaut d'une volonté éclairée, l'adoption est impossible.

Une telle solution apparaît toutefois particulièrement injuste dans le cas d'espèce de l'adoption de l'enfant du conjoint. En effet, l'adoption pouvait ici constituer un instrument civilement et fiscalement protecteur des intérêts de l'enfant handicapé, spécialement en cas de prédécès de son parent par le sang. À vouloir trop protéger le majeur incapable, on risque fort parfois de s'éloigner de l'objectif.

Pour aller plus loin

- **Civ. 1re, 4 juin 2007** : la requête en adoption implique un consentement strictement personnel qui ne peut donner lieu à représentation de l'adoptant placé sous tutelle.

8 Civ. 1re, 19 décembre 2007

« LA COUR : Sur le moyen unique :
Attendu que Mmes Y. et X., après plusieurs années de vie commune, ont conclu un pacte civil de solidarité le 28 septembre 2000 ; que Mme Y. a donné naissance à un enfant, Baptiste, le 16 décembre 2003, par procréation médicalement assistée avec tiers donneur anonyme ; que Mme Y. ayant consenti à l'adoption de son fils, Mme X. a présenté une requête en adoption simple de l'enfant en sollicitant qu'il porte le nom de Y-X. ;
Attendu que Mme X. fait grief à l'arrêt attaqué (Riom, 27 juin 2006) d'avoir rejeté la demande en adoption de Baptiste Y. et par voie de conséquence sa demande relative au nom, alors selon le moyen, qu'il résulte des arrêts rendus par la Cour de cassation les 20 février 2007 et 13 mars 2007 qu'une des deux personnes de même sexe unies par un pacte civil de solidarité n'a d'autre choix, si elle entend adopter simplement l'enfant de son partenaire, que de détruire son foyer et son pacte cependant que son partenaire doit renoncer à élever son propre enfant, dès lors que l'article 365 du Code civil, tel qu'interprété par la Cour suprême, s'oppose à ladite adoption si la famille demeure unie en ce qu'il dépouille le parent naturel de l'autorité parentale au profit du seul parent adoptif sans qu'une délégation partielle de cette autorité au parent naturel soit possible, ce qui est jugé contraire à l'intérêt de l'enfant, et que, de la seule exception au transfert obligé de l'autorité parentale que le texte susmentionné admet, en faveur des conjoints, sont nécessairement exclues les personnes de même sexe, le mariage étant, selon la loi française, l'union d'une femme et d'un homme ; qu'ainsi, l'article 365 du Code civil dicte une solution hors de proportion avec la préservation des intérêts de l'enfant et constitue autant une discrimination à l'encontre des personnes de même sexe vivant en union stable et continue dans les liens d'un pacte civil de solidarité qu'une atteinte à leur vie privée et familiale ; qu'en appliquant néanmoins ce texte pour prononcer comme elle l'a fait, la cour d'appel a violé les articles 55 de la Constitution du 4 octobre 1958, 8 et 14 de la Convention européenne de sauvegarde des droits de l'homme ; Mais attendu qu'ayant relevé, d'une part, que la mère de l'enfant perdrait son autorité parentale en cas d'adoption de son enfant alors qu'elle présente toute aptitude à exercer cette autorité et ne manifeste aucun rejet à son égard, d'autre part, que l'article 365 du Code civil ne prévoit le partage de l'autorité parentale que dans le cas de l'adoption de l'enfant du conjoint, et qu'en l'état de la législation française, les conjoints sont des personnes unies par les liens du mariage, la cour d'appel, qui n'a contredit aucune des dispositions de la Convention européenne des droits de l'homme, a légalement justifié sa décision ;
Par ces motifs, REJETTE [...] ».

■ *Faits*

Après plusieurs années de vie commune, deux femmes ont conclu un pacte civil de solidarité. L'une d'elles a alors conçu un enfant par assistance médicale à la procréation avec tiers donneur anonyme. La compagne de la mère légale de l'enfant a présenté, avec le consentement de celle-ci, une requête en adoption simple de l'enfant.

La Cour d'appel, par arrêt infirmatif, rejette la demande en adoption au motif qu'en application de l'article 365 du Code civil, le prononcé de l'adoption priverait la mère de son autorité parentale sur son enfant, ce qui serait contraire à l'intérêt de celui-ci.

Dans son pourvoi, la compagne soutient que l'article 365 du Code civil dicte une solution hors de proportion avec la préservation des intérêts de l'enfant et constitue une discrimination à l'encontre des personnes de même sexe vivant dans les liens d'un pacte civil de solidarité (violation de l'art. 14, Conv. EDH), ainsi qu'une atteinte à leur vie privée et familiale (violation de l'art. 8, Conv. EDH).

Son pourvoi est rejeté par la première Chambre civile le 19 décembre 2007.

■ *Portée*

Les couples homosexuels ont pu bénéficier d'une reconnaissance sociale grâce à l'instauration du PACS. Mais leurs préoccupations ne s'arrêtent pas là. En premier lieu, ils revendiquent, à l'instar des autres couples, le droit au mariage, ce que leur a refusé la Cour de cassation dans un arrêt du 13 mars 2007. En second lieu, ils manifestent le désir de devenir parents notamment par le biais de l'adoption de l'enfant du partenaire.

Dans le présent arrêt, la Cour de cassation confirme sa jurisprudence inaugurée dans deux arrêts du 20 février 2007 en refusant de casser l'arrêt qui avait exclu l'adoption parce qu'elle aboutirait à priver la mère biologique de toute autorité parentale sur l'enfant, alors qu'elle ne manifestait pas de rejet de cet enfant.

En l'espèce, le pourvoi reproche d'avoir, en refusant l'adoption, non seulement porté atteinte à la vie privée et familiale du couple mais également d'avoir consacré une discrimination à l'encontre des personnes de même sexe liées par un PACS. Sur ces points, la Cour de cassation répond qu'il n'y a pas atteinte à la vie privée et familiale du couple car, en refusant l'adoption, elle a empêché que, conformément à l'article 365 du Code civil, l'autorité parentale soit exclusivement confiée à la mère adoptive, ce qui aurait privé la mère biologique de tout droit sur son enfant en cas de séparation. En effet, en l'état actuel de la législation, un partage de l'autorité parentale n'est prévu dans cette hypothèse par l'article 365 qu'en faveur du seul conjoint. Le refus de l'adoption de l'enfant du partenaire ne constitue pas non plus selon la Cour une discrimination à l'encontre des personnes de même sexe liées par un PACS dans la mesure où il concerne tous les couples non mariés, qu'ils soient de même sexe ou de sexe différents. Sur cette délicate question, la Haute juridiction, en se référant à « l'état actuel de la législation française » renvoie habilement au législateur le soin de régler la question.

Néanmoins, un arrêt *Emonet c/Suisse* de la Cour EDH du 13 décembre 2007 pourrait bien fournir un argument à ceux qui militent en faveur de l'extension à l'adoption de l'enfant du concubin du régime de l'adoption de l'enfant du conjoint. En effet, dans cet arrêt, la Cour EDH considère que la différence de régime entre l'adoption de l'enfant du conjoint et l'adoption de l'enfant du concubin « n'est plus forcément pertinente de nos jours et qu'il convient d'aller vers une adoption par le concubin qui ne fasse pas perdre à ce dernier ses droits à l'égard de son enfant ».

En France, selon l'article 365 du Code civil, en cas d'adoption d'un enfant par le conjoint du parent biologique, un partage de l'autorité parentale est possible. Cette hypothèse prévue pour les couples mariés jointe à l'impossibilité pour les concubins homosexuels de se marier pourrait dès lors rendre l'argument de la discrimination intéressant devant la Cour EDH.

Pour aller plus loin

- **Civ. 1re, 20 fév. 2007** (2 arrêts) : refus de l'adoption de l'enfant du partenaire.
- **Civ. 1re, 24 fév. 2006** : l'article 377, al. 1er, ne s'oppose pas à ce qu'une mère seule titulaire de l'autorité parentale en délègue tout ou partie à la femme avec laquelle elle vit en union stable et continue, dès lors que les circonstances l'exigent et que la mesure est conforme à l'intérêt supérieur de l'enfant.
- **Civ. 1re, 16 avril 2008** : délégation d'autorité parentale par le père des enfants à la compagne de leur mère décédée.
- **CEDH, 13 déc. 2007, *Emonet c/Suisse*** : la différence de régime entre l'adoption de l'enfant du conjoint et l'adoption de l'enfant du concubin « n'est plus forcément pertinente de nos jours et il convient d'aller vers une adoption par le concubin qui ne fasse pas perdre à ce dernier ses droits à l'égard de son enfant ».

L'autorité parentale

Chapitre 7

La filiation, élément fondamental de l'état des personnes, emporte de nombreux effets tant patrimoniaux qu'extrapatrimoniaux. Le principal est sans aucun doute l'autorité parentale qui est alors conférée aux parents. À l'origine dévolue au seul père, elle est aujourd'hui en principe exercée en commun par les deux parents. Destinée à protéger les enfants, elle impose donc à ses titulaires un certain nombre d'obligations.

Définie comme un ensemble de droits et de devoirs ayant pour finalité l'intérêt de l'enfant (art. 371-1, C. civ.), l'autorité parentale appartient aux père et mère de l'enfant. Ce principe de coparentalité institué par la loi vaut que les parents soient mariés ou non, divorcés ou séparés. Néanmoins, le juge est parfois tenu d'intervenir pour statuer sur les modalités d'exercice de l'autorité parentale ou encore plus récemment sur une éventuelle délégation d'autorité parentale spécialement dans le cadre d'un pacs.

1 Civ. 2e, 22 octobre 1997

Extraits : *« Mais sur le second moyen : Vu l'article 288 du Code civil ; Attendu que les juges, lorsqu'ils fixent les modalités du droit de visite et d'hébergement accordé sur ses enfants au parent non-attributaire de la garde, ne peuvent déléguer sur ce point les pouvoirs que leur confère la loi ;*
Attendu qu'en décidant que l'exercice du droit de visite et d'hébergement de la mère sur son enfant mineur s'exercera à l'amiable au gré de ce dernier, la cour d'appel a violé le texte susvisé ;
Par ces motifs : CASSE ET ANNULE, mais seulement en ce qui concerne les modalités d'exercice du droit de visite et d'hébergement, l'arrêt rendu le 13 février 1995, entre les parties, par la cour d'appel d'Angers ; remet, en conséquence, quant à ce, la cause et les parties dans l'état où elles se trouvaient avant ledit arrêt et, pour être fait droit, les renvoie devant la cour d'appel d'Angers, autrement composée.

■ *Faits*

Devant la Cour d'appel, deux ex-époux contestaient la décision des premiers juges ayant prononcé le divorce aux torts partagés et demandaient à ce que soient réglées les conséquences du divorce pour les enfants. La fixation de la résidence de l'enfant chez le père n'étant pas contestée, la discussion portait sur l'aménagement du droit de visite et d'hébergement de la mère. Celle-ci sollicitait une réglementation de son droit de visite et d'hébergement alors que le père revendiquait que ce droit s'exerce à l'amiable au libre gré de l'enfant.

La Cour d'appel décidait alors que l'autorité parentale serait exercée conjointement par les parents, la résidence de l'enfant restant fixée chez le père, et que le droit de visite et d'hébergement de la mère s'exercerait à l'amiable au gré de l'enfant.

Saisie d'un pourvoi formé par la mère, la Cour de cassation casse et annule cette décision pour violation de l'article 288 du Code civil.

■ *Portée*

Le droit pour le juge de fixer les modalités du droit de visite ne se délègue pas à l'enfant concerné. Telle est la solution affirmée dans cet arrêt. Au visa de l'article 288 du Code civil, la Cour de cassation décide dans cet arrêt que « les juges, lorsqu'ils fixent les modalités du droit de visite et d'hébergement accordé sur leurs enfants au parent non-attributaire de la garde ne peuvent déléguer sur ce point les pouvoirs que leur confère la loi », ainsi, « en décidant que l'exercice du droit de visite et d'hébergement de la mère sur son enfant mineur s'exercera à l'amiable au gré de ce dernier, la cour d'appel a violé le texte susvisé ».

Dans le cadre du divorce, en cas d'exercice conjoint de l'autorité parentale, le parent chez lequel l'enfant n'a pas sa résidence habituelle, bénéficie d'un droit de visite et d'hébergement. Pour fixer ce droit, le juge dispose d'un pouvoir souverain d'appréciation. Il peut avant toute décision fixant les modalités d'exercice de l'autorité parentale ou du droit de visite, donner mission à une personne qualifiée d'effectuer une enquête sociale. Il doit également tenir compte des sentiments exprimés par les enfants concernés notamment dans le cadre de leur audition (art. 388-1, C. civ.). Mais pas plus que les résultats de l'enquête sociale, l'avis de l'enfant ne lie le juge.

De même, comme le rappelle fermement la Cour de cassation, en l'espèce, le juge ne peut soumettre l'exercice de ce droit au bon vouloir de l'enfant même si les juridictions du fond semblent quelque peu réticentes à suivre cette dernière règle, notamment lorsqu'il s'agit de grands adolescents. Il est vrai que l'on peut s'interroger sur le sens des réactions personnelles affirmées par un enfant réticent ou hostile. Néanmoins, on peut à juste titre craindre des risques de pression du parent qui vit quotidiennement avec l'enfant et donc que le respect de la volonté de l'enfant ne conduise en fait à l'éviction d'un parent sous l'influence de l'autre. Ce faisant, il ne faut pas exclure que la mise en œuvre du droit de visite tel qu'il aura été organisé par le juge risque d'être difficile en cas de refus des enfants.

La loi du 5 mars 2007 est venue prévoir le droit de visite qui peut être exercé dans un espace rencontre désigné par le juge, lorsque l'intérêt de l'enfant le commande (art. 373-2-9 *in fine*, C. civ.).

Pour aller plus loin

- **Civ. 2e, 7 octobre 1987** : les juges lorsqu'ils fixent les modalités d'exercice du droit de visite accordé sur les enfants au parent non-attributaire de la garde, ne peuvent déléguer sur ce point le pouvoir que leur confère la loi.
- **Civ. 2e, 11 octobre 1995** : concernant un enfant naturel, la cour affirme que lorsqu'ils fixent les modalités d'exercice du droit de visite et d'hébergement, les juges ne peuvent déléguer les pouvoirs que leur confère la loi et suspendre l'exercice du droit de visite accordé au père jusqu'à une manifestation contraire de la volonté de ses deux enfants mineurs.

2 CEDH, 16 décembre 2003, *Palau Martinez c/France*

Résumé : *La Cour note d'emblée que lorsque la cour d'appel fixa la résidence des enfants chez leur père, ceux-ci vivaient avec leur mère depuis près de trois ans et demi depuis le départ de leur père du domicile familial ; par conséquent, l'arrêt de la cour d'appel constitue une atteinte au droit de la requérante au respect de sa vie familiale ; En modifiant le lieu de résidence des enfants, la cour d'appel s'est prononcée sur les conditions dans lesquelles chacun des parents les élevait ; Pour ce faire, elle tînt compte des éléments soumis par les parties, et il apparaît qu'elle accorda une importance déterminante à la religion de la requérante, critiquant sévèrement les principes d'éducation qui seraient imposés par cette religion ; Selon la Cour, la juridiction d'appel opéra ainsi entre les parents une différence de traitement fondée sur la religion de la requérante ; La Cour rappelle qu'une différence de traitement est discriminatoire si elle ne repose pas sur une « justification objective et raisonnable » ; en l'espèce, la différence de traitement ainsi opérée par la cour d'appel poursuivait un but légitime, à savoir la protection de l'intérêt des enfants ; Sur le point de savoir si elle était proportionnée à ce but, la Cour relève que, dans son arrêt, la cour d'appel exprima des généralités sur les témoins de Jéhovah ; Par ailleurs, aucun élément concret et direct ne démontre l'influence de la religion de la requérante sur l'éducation et la vie quotidienne de ses enfants ; De surcroît, alors que la requérante avait demandé qu'une enquête sociale soit menée, ce qui est une pratique courante en matière de garde d'enfants, la cour d'appel n'a pas estimé nécessaire d'accéder à sa demande ; Une telle enquête aurait sans doute permis de réunir des éléments concrets sur la vie des enfants avec chacun de leurs parents et de déterminer les incidences éventuelles de la pratique religieuse de leur mère sur eux. Selon la Cour, la juridiction d'appel s'est prononcée en fonction de considérations générales, sans établir de lien entre les conditions de vie des enfants auprès de leur mère et leur intérêt général ; Bien que pertinente, cette motivation n'est pas suffisante ; Dès lors la Cour ne peut conclure à l'existence d'un rapport raisonnable de proportionnalité entre les moyens employés et le but visé.*

■ *Faits*

Un divorce avait été prononcé aux torts exclusifs d'un mari qui venait de quitter le domicile conjugal pour vivre avec sa maîtresse. La résidence habituelle des enfants avait été fixée chez la mère par les premiers juges qui avaient attribué de façon conjointe l'autorité parentale aux deux parents. N'étant pas satisfaite des conditions matérielles et financières de l'exercice de l'autorité parentale, Mme Palau Martinez fit appel de ce jugement. La Cour d'appel confirma le divorce mais fixa la résidence des enfants au domicile de leur père. Ce changement de résidence était motivé par l'appartenance de la mère aux témoins de Jéhovah et par le fait que les règles imposées par les adeptes de sa religion sont « critiquables en raison de leur dureté, de leur intolérance et des obligations imposées aux enfants de pratiquer le prosélytisme ».

La Cour de cassation rejeta le pourvoi formé par Mme Palau Martinez et décida de s'en remettre à l'appréciation souveraine des éléments de preuve par les juges du fond.

■ *Portée*

Saisie par la requérante, la Cour EDH était ainsi appelée à se prononcer sur l'influence exercée par l'appartenance de l'un des parents à un mouvement religieux sur la résidence des enfants. Cette affaire illustre les difficultés croissantes auxquelles peuvent être confrontés les juges lorsqu'un litige oppose deux parents séparés quant aux pratiques religieuses auxquelles il convient d'associer les enfants et notamment lorsque l'argument avancé par l'un d'eux est l'appartenance de l'autre à une secte. La Cour EDH réaffirme régulièrement que la seule appartenance d'un parent à une religion minoritaire ne saurait, en raison d'un endoctrinement hypothétique, faire obstacle à l'attribution de la garde des enfants.

Dans son arrêt du 16 décembre 2003, elle rappelle que le choix confessionnel des parents, contrairement aux pratiques qu'il peut induire, ne peut déterminer le lieu de résidence de l'enfant. Elle considère qu'en l'espèce, « la Cour d'appel s'est prononcée en fonction de considérations de caractère général, sans établir de lien entre les conditions de vie des enfants auprès de leur mère et leur intérêt réel ». La Cour EDH considère que l'arrêt de la Cour d'appel, fondé sur l'appréciation générale et abstraite de la situation résultant de l'appartenance de la mère aux témoins de Jéhovah, caractérise une différence de traitement discriminatoire entre les deux parents et constitue une atteinte au droit de la mère au respect de sa vie familiale. La France est par conséquent condamnée pour violation de l'article 8 combiné avec l'article 14 de la Convention.

Pour aller plus loin

- **Civ. 1re, 22 fév. 2000** : il est vainement reproché à une cour d'appel d'avoir interdit à une mère de mettre ses enfants en contact avec des membres du mouvement raëlien, les articles 8, 9, 10 et 11 de la Convention EDH autorisant des limitations permettant les ingérences prévues par la loi et nécessaires dans une société démocratique à la poursuite des buts légitimes énoncés.

3 Civ. 1re, 14 février 2006

« Sur le moyen unique, pris en ses trois branches, tel qu'il figure au mémoire en demande et est reproduit en annexe : Attendu que Mme X. fait grief à l'arrêt attaqué (Colmar, 15 décembre 2004) d'avoir dit que Alan Y. résidera en alternance aux domiciles de son père et de sa mère du samedi au samedi, les semaines impaires chez son père et les semaines paires chez sa mère, et d'avoir dit qu'il est de même pour les vacances, à savoir la première moitié des vacances scolaires chez son père les années impaires et inversement ; Attendu que le juge n'est pas tenu, en cas de désaccord des parents, d'ordonner la résidence en alternance à titre provisoire ; qu'ayant relevé que de toute évidence l'enfant Alan était fortement investi affectivement par ses parents, qui étaient tous deux à même d'assurer son éducation, et qu'il convenait de tirer profit, dans son intérêt, de ce que sa mère avait, au moins pour l'instant, renoncé à partir aux États-Unis, c'est dans l'exercice de son pouvoir souverain que la cour d'appel a fixé définitivement la résidence de l'enfant en alternance aux domiciles de l'un et l'autre de ses parents ; que le moyen n'est pas fondé ;
Par ces motifs : REJETTE le pourvoi.

■ *Faits*

Une mère prétendait que la résidence alternée, prévue semaine par semaine, avait été décidée sans limite de délai alors que selon le pourvoi, il n'était possible de la décider qu'après l'avoir testée à titre provisoire.

La Cour de cassation précise que le désaccord des parents n'oblige pas le juge à passer par la phase provisoire de la résidence alternée, il peut la décider directement conformément à l'alinéa 1er de l'article 373-2-9 du Code civil.

■ *Portée*

La question du partage ou de l'alternance de la résidence des enfants en cas de divorce de leurs parents a suscité de vives controverses. Pour ses partisans, ce système permet à l'enfant de conserver des liens avec chacun de ses deux parents et permet de redonner au père toute sa place. Pour ses détracteurs, la résidence alternée présente le risque de déstabiliser l'enfant, ballotté entre ses deux parents.

Parce que l'exercice en commun de l'autorité parentale peut se révéler difficile à mettre en œuvre dans le cadre d'une rupture conflictuelle, la loi du 4 mars 2002 est finalement venue légaliser la résidence alternée. Cette dernière permet à chaque parent d'exercer l'autorité parentale officiellement en commun, à tour de rôle.

La loi du 4 mars 2002 ouvre une option entre résidence alternée et résidence habituelle (art. 373-2-9, C. civ.). Le législateur manifeste même sa préférence pour l'alternance en la mentionnant en premier lieu, et en en donnant au juge le pouvoir de l'imposer à titre expérimental, en cas de désaccord des parents. Selon l'article 373-2-9 du Code civil, « *à la demande de l'un des parents ou en cas de désaccord entre eux sur le mode de résidence de l'enfant, le juge peut ordonner à titre provisoire une résidence en alternance dont il détermine la durée. Au terme de celle-ci, le juge statue définitivement sur la résidence de l'enfant en alternance au domicile de chacun des parents ou au domicile de l'un d'eux* ». Toutefois, la jurisprudence est venue préciser que le juge n'est pas tenu, en cas de désaccord des parents, d'ordonner la résidence en alternance à titre provisoire. De même, n'est-il pas tenu, comme le précise le présent arrêt, d'organiser une période d'essai préalable limitée dans le temps. La Cour de cassation approuve ainsi les juges du fond de s'être prononcés définitivement en faveur de la résidence en alternance sans passer par la phase provisoire, ces derniers ayant relevé souverainement que l'enfant était investi affectivement par ses parents qui étaient tous deux à même d'assurer son éducation.

Pour aller plus loin

- **Civ. 1re, 25 avril 2007** : l'article 373-2-9 n'impose pas que le temps passé par l'enfant auprès de son père et de sa mère soit de même durée ; les juges du fond peuvent, si l'intérêt de l'enfant le commande, décider d'une alternance aboutissant à un partage inégal du temps de présence de l'enfant auprès de chacun de ses parents.
- **Civ. 1re, 19 septembre 2007** : une cour d'appel retient souverainement, pour mettre fin à la résidence alternée, que le maintien d'une telle mesure exposerait l'enfant à une tension quasi quotidienne et à des situations douloureuses en raison de l'absence totale de communication entre ses parents.

4 Civ. 1re, 3 mars 2009

Extraits *: LA COUR- (...)Vu l'article 43 de la loi n° 85-1372 du 23 décembre 1985 ; Attendu que selon ce texte, lorsque les parents sont investis conjointement de l'autorité parentale sur leur enfant mineur, l'un d'eux ne peut adjoindre, seul, à titre d'usage, son nom à celui de l'autre, sans recueillir, au préalable l'accord de ce dernier ; qu'à défaut, le juge peut autoriser cette adjonction ; Attendu que pour débouter M. L. de sa demande pour que sa fille ne porte pas le nom d'usage « L.-R. », la cour d'appel énonce que Mme R., investie de l'autorité parentale, pouvait adjoindre, à titre d'usage, son nom à celui de sa fille sans qu'une autorisation judiciaire fût pour cela nécessaire ; Qu'en statuant ainsi, alors qu'il résulte de ses propres constatations que M. L. n'avait pas donné son accord à l'adjonction du nom de Mme R., à titre d'usage, à celui de sa fille, la cour d'appel a violé le texte susvisé ; Par ces motifs : Casse et annule (...) les renvoie devant la cour d'appel de Douai, autrement composée ;*

■ *Faits*

Après leur séparation, les parents d'une enfant mineure, investis conjointement de l'autorité parentale, sont en conflit sur le nom d'usage de cette dernière. En effet, passant outre le refus du père, la mère a décidé d'adjoindre, à titre d'usage, son nom à celui de sa fille. Mécontent, le père a donc décidé d'agir en justice pour contester une telle décision. Débouté par les juges du fond, il forme alors un pourvoi en cassation.

■ *Portée*

Par cet arrêt du 3 mars 2009, la Cour de cassation s'est donc prononcé pour la première fois sur les conditions de mise en œuvre du nom d'usage de l'enfant mineur en cas d'exercice conjoint de l'autorité parentale.

Institué par la loi du 23 décembre 1985, le nom d'usage a en réalité survécu à la réforme du nom opérée par le législateur le 4 mars 2002. Conformément à l'article 43 de la loi, « *toute personne majeure peut ajouter à son nom, à titre d'usage, le nom de celui de ses parents qui ne lui a pas transmis le sien* ». L'alinéa 2 du texte poursuit en disposant qu'« *à l'égard des enfants mineurs, cette faculté est mise en œuvre par les titulaires de l'autorité parentale* ». Or c'est précisément cette dernière disposition qui était en l'espèce au cœur du conflit parental. Que fallait-il déduire du texte ? La mère pouvait-elle ainsi valablement décider seul du nom d'usage de sa fille ?

À cette question, les juges du fond avaient répondu positivement estimant qu'« *investie de l'autorité parentale, la mère pouvait adjoindre à titre d'usage son nom à celui de son enfant sans qu'aucune décision judiciaire fût pour cela nécessaire* ».

La Cour de cassation a censuré une telle décision. Dans un attendu d'une grande clarté, la première chambre civile a au contraire considéré que « *lorsque les parents sont investis conjointement de l'autorité parentale sur leur enfant mineur, l'un d'eux ne peut adjoindre seul, à titre d'usage, son nom, sans recueillir au préalable l'accord de ce dernier; qu'à défaut, le juge peut autoriser cette adjonction* ». Par cet arrêt de principe, la Cour met ainsi fin aux incertitudes qu'avait pu susciter en pratique l'article 43 de la loi de 1985.

En effet, tandis qu'une instruction générale relative à l'état civil (IGREC § 675) affirmait que l'adjonction du nom d'usage constituait un acte usuel de l'autorité parentale que chaque titulaire peut accomplir seul sans obtenir l'accord de l'autre, la circulaire d'application du 26 juin 1986 préconisait à l'inverse à l'administration la prudence et le recours au juge en cas de conflit parental. De leur côté, les juges du fond, dans les quelques décisions rendues en la matière, apparaissaient également divisés sur la solution à adopter (cf. pour aller plus loin). En affirmant que le double accord des titulaires de l'autorité parentale est nécessaire, sauf autorisation du juge, la Cour de cassation a donc parfaitement accompli son office : dire le droit.

Elle considère ainsi que le nom d'usage de l'enfant mineur n'est pas un acte usuel de l'autorité parentale relevant de la libre initiative de chacun des titulaires. Le consentement des deux parents investis conjointement de l'autorité parentale est donc exigé. Toutefois, à défaut d'accord, comme cela avait été le cas en l'espèce, c'est alors au juge naturel de l'autorité parentale, le JAF, qu'il appartiendra le cas échéant d'autoriser l'adjonction du nom d'usage.

Le nom d'usage, qui avait vocation à devenir marginal au lendemain de la réforme instituant le double nom transmissible, a donc encore de beaux jours devant lui. À la surprise de tous...

Pour aller plus loin

- **Civ. 2e, 17 mai 1995** *:* le parent seul investi de l'autorité parentale peut, sans autorisation judiciaire, adjoindre à titre d'usage son nom à celui de son enfant mineur.
- **CA Agen, 28 avril 2004** : il incombe aux deux parents co-titulaires de l'autorité parentale de mettre en œuvre l'article 43 de la loi du 23 décembre 1985.
- **CA Rouen, 20 décembre 2007** : le nom d'usage est un acte usuel de l'autorité parentale pouvant être mis en œuvre par le seul titulaire de l'autorité parentale ou l'un de ses co-titulaires.

5 Civ. 2e, 17 décembre 1997

« Attendu, selon l'arrêt attaqué, que le divorce des époux X. a été prononcé sur la requête conjointe, que la convention homologuée stipulait que le père verserait à la mère une contribution à l'entretien et à l'éducation à l'enfant commun ; que celle-ci a fait délivrer à M. X. un commandement de payer visant à obtenir le paiement de la contribution en soutenant qu'elle était due après la majorité de l'enfant ; Mais attendu que l'arrêt, après avoir constaté que la convention homologuée ne précise pas que le versement par le père de la contribution cessera à la majorité de son fils, énonce exactement que les effets de la condamnation à une contribution à l'entretien des enfants ne cesse pas de plein droit à leur majorité ; Que, par ces constatations et énonciations, la cour d'appel qui, saisie d'une instance en validité d'un commandement de payer, n'avait pas à rechercher d'office, dès lors que le père se bornait à invoquer la majorité de l'enfant sans alléguer que cet enfant n'était plus à la charge de mère, si toutes les conditions de maintien de l'obligation alimentaire étaient remplies, a légalement justifié sa décision sans encourir les griefs du moyen ».

■ *Faits*

Dans le cadre d'un divorce sur requête conjointe, la convention homologuée stipulait que le père verserait à la mère une contribution à l'entretien et à l'éducation de l'enfant commun. La mère faisait alors délivrer au père un commandement de payer visant à obtenir le paiement de la contribution en soutenant qu'elle était due après la majorité de l'enfant. La Cour d'appel, après avoir constaté que la convention homologuée ne précisait pas que le versement par le père de la contribution cesserait à la majorité de son enfant, considérait que les effets de la condamnation à une contribution à l'entretien des enfants ne cessent pas de plein droit à leur majorité.

La Cour de cassation approuve la cour d'appel qui, saisie d'une instance en validité d'un commandement de payer, n'avait pas à rechercher d'office, dès lors que le père se bornait à invoquer la majorité de l'enfant sans alléguer que cet enfant n'était plus à la charge de la mère, si toutes les conditions de maintien de l'obligation alimentaire étaient remplies.

■ *Portée*

La pension à enfants, même prévue dans une convention de divorce, ne cesse pas de plein droit à la majorité. Telle est la solution qui découle de cet arrêt de la deuxième Chambre civile.

En rattachant l'obligation d'entretien au devoir d'éducation, il aurait semblé cohérent de la lier à l'autorité parentale : l'obligation d'entretien aurait été ainsi limitée à la minorité de l'enfant. Mais depuis longtemps, la jurisprudence, consacrée par la loi du 4 mars 2002 (art. 371-2, al. 2, C. civ.), décide que les parents sont tenus de subvenir aux besoins de leurs enfants, même majeurs. Cette obligation les engage, soit directement envers l'enfant, soit entre eux, ce qui présente de l'intérêt en cas de séparation ou de divorce, au profit du parent qui a la charge de l'enfant. Cette obligation cesse, soit lorsque l'enfant peut subvenir à ses besoins, soit lorsque le parent poursuivi démontre qu'il n'a pas les ressources pour l'acquitter. La règle s'applique surtout aux étudiants mais plus généralement elle intéresse tous les enfants majeurs dans le besoin, notamment les malades et les chômeurs à la condition que le chômage ne leur soit pas imputable. C'est à celui qui demande la suppression de la contribution de rapporter la preuve des circonstances permettant de l'en décharger.

Cet arrêt conduit à évoquer cette obligation d'entretien dans le cadre d'un divorce sur requête conjointe. En l'espèce, le père reprochait, dans le silence de la convention homologuée, à la Cour d'appel saisie d'une instance en validité d'un commandement de payer, d'avoir décidé que la pension continuait de plein droit après la majorité en faveur de l'enfant poursuivant des études. Son pourvoi ayant été rejeté, il est donc clair que le silence quant à la durée de l'obligation d'entretien dans la convention de divorce homologuée vaut prolongation sur la base du principe posé par la Cour.

Quelle serait alors la solution à retenir dans l'hypothèse d'une convention qui exclurait expressément la prolongation de cette obligation au-delà de la majorité de l'enfant ? La validité d'une telle clause ne semble pouvoir être remise en cause. En effet, il est loisible aux parties à une convention de divorce de prévoir une pension alimentaire en faveur des enfants limitée dans le temps avec un terme à la majorité. Néanmoins, l'enfant à sa majorité ou le parent qui l'entretient, pourrait formuler une nouvelle demande de contribution en justice puisque l'obligation alimentaire subsiste.

Pour aller plus loin

- **Civ. 2e, 22 janv. 1992** : le parent qui assume à titre principal la charge d'enfants majeurs, qui ne peuvent eux-mêmes subvenir à leurs besoins, peut demander à son conjoint de lui verser une contribution à leur entretien et à leur éducation.
- **Civ. 2e, 18 mars 1992** : l'obligation des parents de subvenir à l'entretien et à l'éducation des enfants ne cesse que s'ils démontrent être dans l'impossibilité de s'en acquitter.
- **Civ. 2e, 29 mai 1996** : l'obligation d'entretien des parents vis-à-vis d'un enfant majeur ne poursuivant aucune étude ne peut subsister au-delà d'une période nécessaire pour trouver un emploi.

6 Civ. 1re, 16 avril 2008

« La Cour : Mais attendu, d'abord, qu'aucune disposition légale n'impose au juge de choisir par priorité parmi les membres de la famille, le tiers à qui il délègue tout ou partie de l'autorité parentale ; qu'il lui appartient seulement de rechercher si les circonstances exigent une telle délégation et si elle est conforme à l'intérêt de l'enfant ; qu'ayant relevé que les enfants résidaient depuis le décès de leur mère au domicile de la personne qui avait été désignée par cette dernière pour les prendre en charge en cas de décès, qu'ils entretenaient des liens de proximité et d'affection avec cette personne qui faisait partie de leur vie depuis leur plus jeune âge, que selon l'enquête de gendarmerie, les enfants étaient bien intégrés dans la vie associative de la commune et qu'ils jouissaient d'une bonne estime au sein de la population et de leur propre voisinage, que leur situation auprès de Mme Y., dotée de capacités éducatives et affectives, constituait un repère stable puisque les enfants avaient toujours vécu dans la région de Montpellier, la cour d'appel, sans prendre uniquement en considération le souhait exprimé par les enfants, a pu décider qu'il était de l'intérêt de ceux-ci de fixer leur résidence chez Mme Y. et de déléguer partiellement à celle-ci l'exercice de l'autorité parentale dont M. Z. était seul titulaire et de le partager entre eux ; qu'elle a ainsi légalement justifié sa décision ».

■ *Faits*

À la suite du décès de leur mère, son ancienne compagne a pris en charge les deux enfants de celle-ci nés d'une relation de la mère décédée. Le père des enfants et la compagne ont alors saisi le juge aux affaires familiales d'une requête conjointe en vue d'une délégation partielle de l'autorité parentale au profit de cette dernière. Mais la sœur de la mère des enfants a saisi le même tribunal d'une demande identique, après avoir sollicité du juge des tutelles, sa désignation en tant que tutrice des enfants.

La Cour d'appel a fixé la résidence habituelle des enfants chez la compagne et délégué à cette dernière partiellement les droits de l'autorité parentale détenue par le père. La sœur de la mère décédée forme un pourvoi contre cette décision au motif que le juge était tenu de choisir le tiers délégataire de l'autorité parentale de préférence dans la parenté, qu'il ne s'était pas référé à l'intérêt de l'enfant et qu'il n'avait pas indiqué, dans sa décision, les raisons pour lesquelles il s'était conformé aux souhaits formulés par les enfants.

■ *Portée*

Cette décision témoigne de la volonté qui prédomine dans l'esprit des couples homosexuels : créer des liens juridiques entre l'enfant de l'un des membres du couple et son compagnon. De fait, le compagnon ou la compagne éduque conjointement l'enfant avec l'autre dans de nombreuses hypothèses. Or, l'absence de reconnaissance juridique de ce « beau-parent » conduit alors ces couples à avoir recours à des stratagèmes leur permettant d'exercer sur l'enfant certains droits. Cet arrêt illustre parfaitement que la délégation de l'autorité parentale constitue un procédé permettant de contourner l'impossibilité juridique de reconnaître comme « parent social » le ou la partenaire du parent de l'enfant au sein d'un couple homosexuel. Par cette décision du 16 avril 2008, la première Chambre civile rejette le pourvoi au motif qu'« Aucune disposition légale n'impose au juge de choisir par priorité parmi les membres de la famille, le tiers à qui il délègue tout ou partie de l'autorité parentale. Il lui appartient seulement de rechercher si les circonstances exigent une telle délégation et si elle est conforme à l'intérêt de l'enfant ».

La réponse de la Haute juridiction est claire : il n'y a pas de priorité familiale dans l'attribution d'une délégation de l'autorité parentale. Il est vrai que l'article 377 du Code civil vise comme destinataire de la délégation « *un tiers, membre de la famille, proche de confiance...* ». Mais, l'énumération opérée dans cet article ne semble pas imposer une hiérarchie, elle semble constituer davantage une suite d'exemples. Après avoir posé ce principe, la Cour de cassation procède à l'approbation des constatations de fait opérées par les juges du fond tant en ce qui concerne l'intérêt des enfants qu'en ce qui concerne les qualités éducatives de la compagne de la mère. Elle approuve donc le partage de l'autorité parentale entre le père et la compagne de la mère.

Cet arrêt participe de la volonté d'adapter les lois aux changements des modèles familiaux et de conférer un statut juridique à des situations de fait existantes. D'ailleurs, un projet de réforme sur le statut des beaux-parents envisage de reconnaître l'homoparentalité.

Pour aller plus loin

- **Civ. 1re, 24 février 2006** : admission de la délégation d'autorité parentale par la mère au profit de sa partenaire.
- **Civ. 1re, 20 février 2007** : refus de l'adoption de l'enfant du partenaire.

Cet ouvrage a été imprimé par
l'Imprimerie France Quercy - 46090 Mercuès
N° d'impression : 01407 - Dépôt légal : août 2010

Imprimé en France